教师发展力丛书

U0605191

育人本位的
中小学教育信息化水平
评价研究

宣小红 著

中国人民大学出版社
·北京·

图书在版编目（CIP）数据

育人本位的中小学教育信息化水平评价研究 / 宣小红著 . -- 北京 : 中国人民大学出版社 , 2024. 10.
ISBN 978-7-300-33320-5

Ⅰ. G639.2；G43

中国国家版本馆 CIP 数据核字第 20244A89J1 号

教师发展力丛书

育人本位的中小学教育信息化水平评价研究

宣小红　著

Yuren Benwei de Zhongxiaoxue Jiaoyu Xinxihua Shuiping Pingjia Yanjiu

出版发行	中国人民大学出版社			
社　　址	北京中关村大街 31 号		**邮政编码**	100080
电　　话	010 - 62511242（总编室）		010 - 62511770（质管部）	
	010 - 82501766（邮购部）		010 - 62514148（门市部）	
	010 - 62515195（发行公司）		010 - 62515275（盗版举报）	
网　　址	http://www.crup.com.cn			
经　　销	新华书店			
印　　刷	天津中印联印务有限公司			
开　　本	720 mm × 1000 mm　1/16		**版　　次**	2024 年 10 月第 1 版
印　　张	13		**印　　次**	2024 年 10 月第 1 次印刷
字　　数	193 000		**定　　价**	48.00 元

版权所有　侵权必究　　印装差错　负责调换

本书基于全国教育科学"十三五"规划 2017 年度教育部重点课题"区域基础教育信息化水平评价指标体系研究"（项目编号：DHA170344）研究成果撰写。

序

Preface

　　科学技术的发展必然引起教育的改革和发展。当今信息技术的新概念、新技术正在影响着教育的生态和育人的模式。但是广大的普通中小学教师未必都理解和掌握这些新技术。大多数学校教师还停留在利用一些教育资源，做好课件，讲好课本中的知识的阶段，还没有充分发挥信息技术在育人上的优势，赋能教育质量的提高。我认为信息技术在教育应用上的优势，主要在实现教育个性化、资源共享、互联互通。在区域教育的发展上主要是通过资源共享、互联互通，促进教育的均衡发展；在个体育人上可以利用信息技术为学生设计个性化学习方案，促进学生个性发展。现在教育实践的状况是：一方面，学校在信息技术赋能教育质量的提升，特别是教育个性化方面还做得不够。另一方面，也出现过度依赖技术，把课件做得更加花哨，忽视人际交流的倾向。信息技术促进教育的变革是必然的。但必须认识到信息技术是技术，是教育的手段，不是教育的目的。立德树人的教育目的不会变。教育过程中要利用信息技术促进人际交流，促进教师和学生、学生和同伴的交流。联合国教科文组织 2023 年《全球教育监测》报告中就提醒大家要科学合理地应用教育技术。

　　如何评价学校科学合理地应用信息技术？宣小红通过精心研究，在中小学教育信息化实践创新基础上提炼出中小学教育信息化水平评价理论框架，形成本书。书中强调信息技术的育人功能，扭转教育信息化实践过程中的技术主义倾向，研制了育人本位的中小学教育信息化水平评价指标和模型。构建科学的评价指标体系，有利于端正立德树人的教育观，有利于推动个性化教育和个性化学习的深入实施，有利于引导基础教育信息化向软实力建设转变，真正实现信息化赋能中小学的教育教学，提高育人质量，培养新时代创新人才，为早日实现教育现代化做出贡献。

2024 年 2 月 29 日

目录

Contents

第一章

绪　论

　　我国正处于建设教育强国、加快推进教育现代化的新征程,《中国教育现代化 2035》强调要利用现代技术加快推动人才培养模式改革,实现规模化教育与个性化培养的有机结合。信息技术飞速发展,并日益融入教育教学活动的全过程,为实现个性化教育创造了重要条件。如何构建能够引导和规范教育信息化服务于育人使命的科学评价体系,成为新时期中小学教育信息化面临的重大课题。基于育人本位的价值取向,用单位教育信息化设施对教育效率和师生有效发展的实际贡献率等指标衡量教育信息化水平,借此引导中小学教育信息化软实力建设是未来发展的正确方向,而信息化软实力是教育软实力的重要组成部分。

第一节　中小学教育信息化发展的新阶段和新要求

　　随着教育信息化上升为国家战略并加速推进,中小学信息化硬件设施设备不断更新迭代,信息化服务教育教学的能力不断增强。科学的信息化水平评价,对于信息技术有效服务于教育教学改革发展进程将具有清晰的导向功能。

一　人工智能飞速发展引发社会深刻变革

　　人工智能的飞速发展正深刻影响着社会经济发展和人类文明进程,全球进入前所未有的数字化转型加速阶段。埃隆·马斯克在"2023 世界人工智能大会"开幕式上表示，计算机计算能力的爆炸式增长意味着机器和生物的算力差距在进一步扩大，经过一段时间之后，人类智力在地球上的总思维能力中所占的比例会越来越低。毋庸置疑，人工智能已成为推动社会更加智能、高效和可持续发展的重要力量。

第一，人工智能发展对社会产生变革性影响。作为一种模拟人类智能的技术，人工智能使生产效率大幅提高，使大规模个性化生产成为可能，传统的标准化生产模式逐渐被个性化生产所替代。例如，智能机器人的开发和使用，无论是精确度还是劳动强度，都具有超越人类极限的巨大优势，生产效率得到大幅提升的同时可以为企业节约成本。有研究表明，大约80%的美国劳动力至少有10%的工作任务受到ChatGPT的影响，而大约19%的工人至少50%的任务受到ChatGPT的影响。到2030年，专业的人工智能应用将更受欢迎、更有价值，并更有利于提高我们的经济与生活质量。中国工程院院士、同济大学校长郑庆华指出，人工智能已成为21世纪最具挑战性、最具催化力、最具赋能特征的战略性技术，在众多领域表现出广泛的赋能作用。

随着人工智能在教育领域的渗透程度日渐加深，信息技术和教育融合创新发展获得了强大推力。[①] OpenAI前全球商业化负责人扎克·卡斯表示，到2030年，通用人工智能（AGI）将会实现，这将带来一个如今的我们所完全无法理解的未来——某种意义上，就像20世纪初的人无法理解60多年后人类能够登月一样。AGI时代，机器能胜任的越多，智慧就贬值得更快。当人不再被工作所束缚，普通人要仔细思考如何生活，特别是要好好利用忽然得到的大量闲暇时间，我们可以更多地与家人、与相爱的人交流，分享我们的幸福。在卡斯看来，最重要的是要在AI支配的领域之外找到属于人的本质属性，比如信任、合作、关爱等。未来一个人在世界上的价值将由他和其他人合作的能力来定义，未来最重要的是人与人的互动。人工智能的飞速发展以及在各个领域蕴藏的巨大潜力，将深刻改变着人们的生活方式，加速推动社会进步，并愈加凸显未来社会加速变化、不确定性增多和合作解决复杂问题的基本特征。

---

① 郑庆华. 人工智能赋能创建未来教育新格局 [J]. 中国高教研究，2024(3): 1-7.

第二，人工智能发展对教育产生变革性影响。人工智能时代客观上要求人类具备机器难以替代的更高智能，即创新能力。面对未来社会人才需求的巨大变化，教育必须提升培养创新人才的能力以更好地应对不确定性的社会需求。人工智能是一种快速发展的识别模式并具备自动化行动的基础能力，正越来越多地嵌入各类教育技术系统中。2019 年，联合国教科文组织发布的《教育中的人工智能：可持续发展的挑战与机遇》中提出，人工智能技术能够支持包容和无处不在的学习访问，有助于确保提供公平和包容性的教育机会，促进个性化学习，并提升学习成果。教师和学生应思考如何为充满人工智能的世界做好准备。2023 年，联合国教科文组织第 41 届大会主席圣地亚哥·穆朗在"第 23 届中国国际教育年会暨展览全体大会"上表示，教育与社会、经济、生态一样都是全球可持续发展的重要组成部分，必须给予足够重视，大家应团结起来利用新兴技术为教育创新和知识共享贡献力量。

人类将进入智能化信息时代，以人工智能为基础的生产力发展将替代大量机械、重复、繁杂的劳动力，当下工业化色彩浓厚的教育形态已不能满足未来社会对人才的需求，也不能够满足个体全面发展的需要，因而学校教育的人才培养模式亟须变革。[①] 2024 年 1 月，英国发布的《教育中的生成式人工智能》研究报告显示，生成式人工智能（GenAI）在教师中的采用率迅速增加，目前五分之二的教师已在工作中使用 GenAI。使用的工具既有非专业类，如 ChatGPT、Midjourney、Canva 等，也有教育专用类，如 TeachMateAI、AskArbor 和 Memrise 等。部分受访者表示每天都会使用 GenAI，而且这在同事中较为普遍。较早使用 GenAI 的机构主要依靠 GenAI 倡导者来推动，且往往在数字化方面更成熟。GenAI 使用水平较高的机构通常拥有强大的 IT 基础设施、专门用于 IT 培训和支持的资源以及教育科技的广泛使用。教育工作者通常以低风险的方式使用 GenAI，如创建课程内容、与家长沟通等。GenAI 在中小学和大学教师中最常见的应用是创建教育资源，使用 GenAI 进行评分和评估则越来越少。对 GenAI 的应用还有研究和写作辅助、GenAI 技能培训和人工智能素养培养。学校各学科都有使用

---

① 曹培杰. 智慧教育：人工智能时代的教育变革 [J]. 教育研究，2018(8): 121-128.

GenAI 工具，如英语教师创建写作示例、科学教师构想科学实验、数学教师创建自评分数测验等。受访教师认为 GenAI 的好处主要是节省时间、创造性教学、个性化教学等。正如美国教育家杜威所说，如果我们仍然以昨天的方式教育今天的孩子，无疑就是掠夺了他们的明天。促进信息技术与教育教学的深度融合，建立培养适应创新人才需要的数字化学习环境、资源和方法，是 21 世纪学校、教师、学生和家长必须采取的行动。

我国著名教育家、北京师范大学顾明远教授认为，生产力的发展提高，对教育总会起到影响的。从教育的历史来看，每一次生产力的发展都会促进教育的发展；文字的出现，对教育的传播起到作用，作为第四次工业革命技术代表的人工智能的出现，肯定会促进教育发展。清华大学谢维和教授指出，网络社会中信息技术对教育的影响，包括挑战和机遇，并不只有某些工具和技术的变革，更重要的是社会环境的变化。信息技术对教育最根本的意义之一，就在于它改变了儿童和青少年成长发展的环境，甚至是改变了人们的生存环境。以往科技的进步也改变了人们的生存环境，但那种变化更多的是一种物理空间的变化与扩展。网络社会中信息技术所带来的新的环境变化则是一种从未有过的虚拟环境的形成，它极大地拓展了人们成长和生存的思维空间，进而使教育和人的成长过程出现了新的变量。这种环境的变化对教育的影响是非常重要的。①

从长远来看，人工智能对教育发展的影响主要有以下方面：一是要重视培养受教育者适应未来社会的价值观和是非判断能力。今天的教育者或许无法精准预测未来复杂交织的影响因素，特别是人工智能这个正在巨变的因素，但应该有意识地培养受教育者形成适应未来社会的价值观，使其无论面临多么复杂难测的境遇，都能用坚定的价值理性做出独立判断，并妥善地加以应对。二是要重视建构机器智能高度发展后的社会伦理道德体系。坚守人工智能为人类社会发展服务的初心，就必须将其建立在人类伦理道德规约之下。同时，人类伦理道德体系也须随着文明形态的变化而实现相应的进步。《全球人工智能治理倡议》核心内容之一是坚持以人为本、智能向善，引导

① 谢维和.镜子的寓意——网络社会与教育变革 [M].北京：教育科学出版社，2020.

人工智能朝着有利于造福人类的方向发展。教育的首要责任就是通过培养未来社会的合格公民，为建设面向智能社会的伦理道德体系发挥重要作用。三是要转向对受教育者创新思维等高阶能力的培养。未来社会需要大量具备人机协同能力的高水平人才，创新思维、计算思维和情感能力等高阶能力将成为人类的关键竞争力。培育机器智能无法具备的社会情感等是未来教育的关键内容和目标。[①] 2024 年 1 月，教育部怀进鹏部长在"2024 世界数字教育大会"上提出，我们将实施人工智能赋能行动，促进智能技术与教育教学、科学研究、社会的深度融合，为学习型社会、智能教育和数字技术发展提供有效的行动支撑。可见，人类与虚拟世界的互动正进一步加深，将彻底打破传统的教育边界，教学方式和学习方式也将发生根本性转变，推动教育信息化发展成为教育改革发展的重要任务。

二 中小学教育信息化发展的新阶段

在信息技术的推动下，教育发生了前所未有的积极变化，信息化教学成为基础教育新常态。但是，无论信息技术发展到何种程度，教育信息化的育人本质不会改变。换言之，教育信息化是为教育服务的，其终极目的是育人。因此，构建育人本位的中小学教育信息化水平评价体系，最大限度地发挥信息化在促进基础教育效率与质量中的技术优势，是加速中国教育现代化进程的现实和战略要求。

（一）教育信息化上升为国家战略

借助教育信息化提升教育教学质量，促进基础教育跨越式发展，是我国深化教育综合改革的战略性举措。早在 2010 年，《国家中长期教育改革和发展规划纲要（2010—2020 年）》（以下简称《纲要》）就已经提出，信息技术对教育会产生革命性影响，必须予以高度重视，把教育信息化纳入国家信息化发展整体战略。《纲要》还明确提出，以培养创新型人才为目标，积极探索基于信息技术环境的教学改革。加快教育信息化进程的目的，是为了借助

---

① 李永智. 教育如何面对人工智能的挑战 [N]. 中国教育报，2024-03-25.

信息技术改革教育教学方法，创新教育教学模式和管理模式，提高教育教学质量，更好地培养适应社会发展需要的创新型人才。

2018 年，教育部发布的《教育信息化 2.0 行动计划》强调，要构建网络化、数字化、智能化、个性化、终身化的教育体系，建设人人皆学、处处能学、时时可学的学习型社会。2019 年 5 月 16 日，习近平总书记在向"国际人工智能与教育大会"致的贺信中指出："中国高度重视人工智能对教育的深刻影响，积极推动人工智能和教育深度融合，促进教育变革创新，充分发挥人工智能优势，加快发展伴随每个人一生的教育、平等面向每个人的教育、适合每个人的教育、更加开放灵活的教育"。2019 年，《中国教育现代化 2035》要求，创新教育服务业态，建立数字教育资源共建共享机制，推进教育治理方式变革，加快形成现代化的教育管理与监测体系。2021 年，《中华人民共和国国民经济和社会发展第十四个五年规划和 2035 年远景目标纲要》中，要求"加快数字化发展，建设数字中国"。党的二十大报告明确提出，"推进教育数字化，建设全民终身学习的学习型社会、学习型大国"，强调"迎接数字时代，激活数据要素潜能，推进网络强国建设，加快建设数字经济、数字社会、数字政府，以数字化转型整体驱动生产方式、生活方式和治理方式变革"。

教育信息化、教育数字化的顶层设计和战略部署，充分表明党和国家高度重视教育信息化建设，以教育信息化推动教育高质量发展、以教育信息化引领教育现代化已上升为国家重大战略，这对加强中小学教育信息化水平监测、诊断与改进提出了更高要求。

（二）教育信息化加快高质量教育体系建设

高质量教育体系是教育强国的重要特征。党的二十大报告提出，坚持以人民为中心发展教育，加快建设高质量教育体系，发展素质教育，促进教育公平。加快信息化、数字化和智能化建设，构建"人人皆学、处处能学、时时可学"的新型教学环境，以教育信息化推动基础教育优质均衡发展，进一步推进基础教育公平，赋能基础教育创新人才培养实践，是构建高质量教育体系的必然要求。

1. 以教育信息化推动基础教育优质均衡发展

发展更加公平更有质量的教育，在量的均衡基础上向优质均衡迈进，是新时代基础教育发展的新使命。由于经济社会发展水平的差异，优质教育资源稀缺导致基础教育发展不均衡的现象仍较为突出。与此同时，居民教育需求呈现多样化、个性化、高品质的特点，扩大优质教育覆盖面、缩小校际差距要求信息技术发挥更大作用。在基础教育优质均衡发展过程中，只有充分利用大数据、人工智能等技术，扩大优质教育机会的受益群体，才能更好地满足人民群众从"有学上"到"上好学"的需求。需要注意的是，教育信息化在扩大优质资源、促进学习个性化发展的同时，也会带来数字鸿沟的新挑战。国际电信联盟2022年统计报告《衡量数字发展：事实和数字》显示，当前全球有三分之二的人使用互联网，但还有27亿人仍处于离线状态，使用互联网的人群在国家、性别、年龄和地区分布比例上也有较大差别。《世界互联网发展报告2023》显示，近年来，信息基础设施建设持续推进，逐渐成为大国关注焦点。全球移动互联网用户数字鸿沟在缩小，平均从2017年的50%下降到2022年的41%，但差距仍较大。因此，需要以评价引导教育信息化投入的正确方向，不断缩小地区之间的数字鸿沟，持续扩大优质教育资源的覆盖面，才能保障基础教育实现优质均衡发展。

2. 以教育信息化进一步推进基础教育公平

教育公平是最大的公平。习近平总书记指出，教育公平是社会公平的重要基础，要不断促进教育发展成果更多更公平惠及全体人民，以教育公平促进社会公平正义。进入21世纪以来，国家把教育信息化促进教育公平提高到一个新的高度，要求坚持社会主义教育公平性、公正性原则，大力促进教育权利平等和教育机会均等，为全体青少年提供良好的教育机会，更加关注弱势群体受教育问题，为全体公民提供终身学习机会。习近平总书记强调："要发展信息网络技术，消除不同收入人群、不同地区间的数字鸿沟，努力实现优质文化教育资源均等化。"教育信息化的加速发展，全面促进了基础教育公平，很大程度上实现了基础教育入学机会的相对公平。在移动互联网、大数据、人工智能、区块链等新技术驱动下，信息化手段在促进教育资源共享和优化教育质量上的作用得到了整体跃迁。借助信息技术增强教育公平性，以信息化促进优质教育资源共享，逐步缩小不同地区之间的教育发展差距，对中小学教育信息化水平评价提出了新要求。因此，中小学教育信息化水平评价体系的重构，是健全和完善教育信息化发展顶层设计的重要内容，有助于实现不同区域基础教育信息化水平的可比较性，推动全国中小学教育信息化向服务师生个性化需求的方向发展。可见，教育信息化为优质教育资源优化配置提供了新途径、新技术，成为解决教育公平问题的助推剂。

3. 以教育信息化赋能基础教育创新人才培养

核心素养是学生应具备的适应终身发展和社会发展需要的必备品格和关键能力。例如，美国的核心素养分为三类 11 项。第一类是"学习与创新素养"，包括批判性思维和问题解决能力、创造性和创新能力、交流与合作能力；第二类是"信息、媒体与技术素养"，包括信息素养、媒体素养、信息通信技术素养；第三类是"生活与职业素养"，包括灵活性和适应性、主动性和自我指导、社会和跨文化技能、工作效率和胜任工作的能力、领导力和责任感。根据重要性的不同，这 11 项核心素养又被聚焦为批判性思维和问题解决能力、创造性和创新能力、交流能力、合作能力。这些素养被美国人称为 21 世纪"超级素养"。[1]褚宏启教授（2016）认为，创新能力和合作能力是中国学生最应具备的两大"超级"素养。创新能力体现在智商上，需要有聪明的脑；合作能力体现在情商上，需要有一颗温暖的心。[2]江小涓（2023）认为，要从志向、能力、素质、眼界和情怀五个方面着手培养符合时代要求的新型人才，其中要着重培养学生的人文情怀，从以人为本的角度，尊重情感、鼓励个性、保持人的主体地位，将科技、数字伦理教育渗透到每个学生的课程学习中。[3]以教育信息化赋能基础教育创新人才培养，借助信息技术建设保护创新、激励创新、宽容失败的创新课堂，将为学生个性化学习匹配优质教育资源，为学生元认知能力发展创造条件与机会，为学生

---

① The Partnership for 21st Century Skills. Framework for 21st Century Learning[EB/OL]. http://www.p21.org/about-us/p21-framework.

② 褚宏启. 核心素养的国际视野与中国立场——21 世纪中国的国民素质提升与教育目标转型 [J]. 教育研究 , 2016(11): 8-18.

③ 李晶 . 技术变革重塑世界教育新理念 [N]. 中国社会科学报 , 2023-02-22.

分享交流学习体验提供平台与空间，从而提高基础教育创新人才培养效率和质量。通过信息技术变革传统教学形态，教师可通过移动智能终端与学生实时互动，借助信息技术关注更多学生；利用信息化工具完整记录学生发展过程性数据，并能使用过程性数据对学生进行个性化诊断与分析；有效指导学生选择、获取和使用个性化学习资源；注重培养学生自主学习能力，引导运用探究性学习、批判性思考、分析与整合信息等多样化学习策略；帮助学生更清晰地认识自身学习进程，引导学生进行学习反思、评估与调节。可见，信息化手段是创新人才培养的重要工具。

（三）信息化支持的教和学成为常态

信息化已经成为教育变革的内生变量，信息技术不断拓展和延伸了教育教学规律。基础教育新课改要求课堂教学转向发展学生核心素养、拓展学生个性化学习空间，使得信息化支持下的教和学成为常态。

1.课堂教学由知识本位加速转向核心素养本位

全面深化新课程新教材改革，要求构建核心素养本位的课堂教学模式，建立平等互动、开放合作的新型师生关系，推动育人方式发生根本转变。教育信息化在共享优质资源、提高教学质量、发展学生核心素养过程中发挥着关键的支撑作用。

传统课堂上教师处于主导地位，学生是被动接受者。而今面对日新月异的技术变革和加速变化的世界，学生需要的不只是大量的知识和信息，更需要提高学科思维水平和解决复杂问题的核心素养。[①] 在信息化教学环境中，老师从知识的传授者转变为学习的引导者、支持者和帮助者，这就要求教师在高质量互动中引导学生建构知识、发展思维、提升能力。在这个过程中，学生学习的主体地位得到确认，自主学习、合作探究、反思改进思维方式的空间得到拓展，学习兴趣和求知欲被充分激发，学习方式变得灵活多样，在探究、展示、分享、质疑中主动思考问题、解决问题，分析、评价、创新等

---

① 冯永刚，陈颖. 智慧教育时代教师角色的"变"与"不变"[J]. 中国电化教育，2021(4): 8-15.

高阶思维得到重视、培养和发展。而课堂教学由知识本位向核心素养本位转变，离不开多媒体教学应用、学生数据跟踪分析以及信息化教研等高水平信息化技术的融入与创新。

2. 信息技术赋能个性化教育

当代和未来教育的根本任务是发展学生核心素养、培养德才兼备创新人才。有学者指出，未来世界将不会简单地以发达国家和发展中国家来划分，而分为高想象力（HIE）和低想象力（LIE）两种国家。判断一个国家的标准是创新，一个国家要么是高创新的，要么是低创新的。[①]信息技术赋能个性化教育，是提升基础教育创新人才培养效率与质量的重要途径。

随着新一代人工智能技术的飞速发展，必须重视培养学生机器难以替代的创新能力，而创新人才培养必将指向个性化教育。创新思维和创新精神本质上是突破常规、独立探究、独立思考、独立实践，而不是迷信、盲从、墨守成规。创新人才培养的正确途径是尊重个性特点，发现个性潜质，培育个体优势，帮助个体找到适合自己的发展道路并制定个性化学习策略，为其个性化成长提供全方位支持。教育信息化为个性化学习资源、方式和环境的构建提供了技术支持和有力保障，将有力推动"标准化"教育向"个性化"教育发展。[②]顾明远教授在"2019人工智能与教育大数据峰会"上表示，人工智能技术正从教育生态、教育环境、教育方式、教育管理模式、师生关系等维度影响着教育。随着人工智能、大数据等信息技术与课堂教学的融合日益深入，个性化学习和减负增效将得以实现。与此同时，教师培养人才的职责没有改变，教育传承文化、创造知识、培养人才的本质和立德树人的根本目的也始终如一。2024年3月，北京师范大学中国社会管理研究院院长、互联网发展研究院院长李韬在"人工智能与下一代健康成长"论坛上表示，人工智能已经成为一种最具想象空间的新质生产力。当前，全球人工智能博弈白热化，其中既有技术之争、产业之争，也有标准、制度之争，更有话语权之争，而归根结底是下一代之争。人工智能的创新发展，有助于夯实下一代

---

① 弗里德曼. 世界又热又平又挤 [M]. 长沙：湖南科技出版社，2009.

② 韩世梅. 我国教育信息化促进教育公平的政策演进、问题分析和发展建议 [J]. 中国远程教育，2021(12): 10-20+76.

健康成长的物质技术基础，重塑学习与教育模式，推动下一代认知方式、思维方式和价值观念的跃升，提升下一代的数字可行能力，但同时也会带来一定的风险挑战。安全是发展的保障，发展是安全的前提，不发展是最大的不安全。应加快促进人工智能创新发展，积极开展伦理规制与治理研究，让人工智能"向善而生"。[①]在信息技术让教育更贴近学习者需求的背景下，通过育人本位的中小学教育信息化水平评价，将有助于引导优质教育资源更高效地集聚，赋能学校育人方式和学生学习方式变革，为每个学生提供个性化学习资源，从而助力学校加快实现培养创新人才或创造性劳动的育人目标。因此，科学评价信息技术对师生个性化发展的真实贡献率，是中小学教育信息化水平评价体系建设的重要任务。

三 中小学教育信息化迈向均衡与个性的新要求

教育信息化的核心价值在于为教育优质均衡和师生个性化发展提供技术支撑。本书通过构建育人本位的中小学教育信息化水平评价体系，引导中小学教育信息化投入的正确方向，推动中小学建设成为优质数字教育资源集聚、信息技术与教育教学深度融合、师生个性化发展空间得到最大限度拓展的育人场所，推动学习由校内向校外、由课堂向课外延伸，从而为基础教育创新人才培养创造良好的软硬件环境。

首先，以信息化水平评价增进信息化对中小学教育教学的实际贡献。通过构建育人本位的中小学教育信息化水平评价理论框架，明确基础教育信息化水平的关键因素、重要指标和核心目标，引领中小学教育信息化水平评价更多聚焦于教育信息化对教育效率和师生发展的真实贡献率，同时把新技术的应用引向有利于提高育人质量的方向。

其次，以信息化水平评价引领教育信息化软实力投入的正确发展方向。通过指标和权重上的设置抽象掉技术上的区域差异，实现中小学教育信息化水平评价的区域可比较性，可有效反映我国不同区域之间中小学教育信息化发展的真实水平，有效引导地方政府重视信息技术与教育教学的深度融合，

---

① "人工智能与下一代健康成长"论坛在京召开 [N]. 中国教育报，2024-03-27.

使教育信息化真正为提高基础教育质量和培养创新人才服务，从而加速推动区域基础教育现代化进程以及区域经济社会的持续发展和转型升级。

最后，以中小学教育信息化水平评价发挥示范引领作用。基础教育信息化发展进入更加注重内涵发展、全面提质增效的新阶段，开展育人本位的中小学教育信息化水平评价尤为必要。通过提炼育人本位的中小学校教育信息化建设与评价实践中的典型案例，总结中小学教育信息化水平评价的先进经验，发现从"信息化设施对师生发展和教育教学效率的贡献率"的视角评价教育信息化水平的创新性实践成果，可为探索和拓展中小学教育信息化软实力建设的有效路径提供实证数据和经验支持。

第二节　以育人本位的评价理念指导中小学教育信息化新实践

新时期基础教育承担发展学生核心素养、培养德才兼备创新人才的重任。如何推动信息技术与教育教学深度融合、引导中小学教育信息化聚焦软实力投入，是中小学教育信息化适应创新人才培养目标的可靠根基。因此，育人本位的中小学教育信息化水平评价研究，既是教育信息化创新发展的战略需要，也是理论创新的必然要求。

一　中小学教育信息化水平评价体系的新理念

中小学教育信息化水平评价体系的建立，是对我国教育信息化评价理论和方法的丰富和发展，能为推动基础教育信息化建设进程和基础教育教学改进提供理论指导。信息技术与学科教学呈现深度融合态势，在中小学教育信息化实践创新基础上提炼和升华成符合基础教育发展方向和规律的中小学教育信息化水平评价理论框架，研制育人本位的中小学教育信息化水平评价指标和模型，基于实证研究揭示学生信息素养与学业成绩的内在关系，能够更好地发挥信息技术对教师教学范式革新、学生学习方式变革与学习效率提升的促进作用，形成中小学教育信息化理论与实践的良性互动和相互转化。

教育已经步入大数据时代，借助数据分析和信息化技术手段深入挖掘数据背后的信息，可以为中小学教育信息化水平评价提供科学依据和决策支持，从而引导中小学教育信息化软实力建设的正确发展方向。

首先，注重引导中小学教育信息化建设质量。强调教育信息化服务师生个性化发展的质量而非单纯的数量，不仅关注设施设备的完善程度和技术的应用程度，更注重教育教学效果和服务质量的提升，确保信息化的实际效益和社会效果。

其次，突出教育信息化水平评价的可比较性、动态性和持续性。以地区的发展特点和需求为基础，针对不同地区和不同类型的学校，研制育人本位的评价标准和工具，促进信息化水平的差异化发展，将信息化水平的评价从单一指标扩展到多方面的综合评价，包括基础设施、数字化教育资源、信息化教学、师生信息素养、信息安全等关键内容，可以全面反映教育信息化的发展状况。不仅要关注当前的水平，还要关注其发展趋势和潜在问题，为持续改进和发展提供指导。

最后，坚持教育信息化建设目标导向。明确教育信息化发展的育人目标，技术应用不能脱离教育本质，技术应用要关注每个学习者的个性化发展，将中小学教育信息化水平评价与育人目标相结合，不断优化评价指标和方法，推动中小学教育信息化朝着更高水平的育人目标发展。同时强调广泛的社会参与，包括学校、教育行政部门、企业、家长、学生等各方利益相关者的参与，形成共同推动教育信息化软实力建设的合力，以信息技术促进家校社教育理念的一致性，为新时代创新人才培养创造良好的共育环境。育人本位的中小学教育信息化水平评价理念，将有助于推动中小学教育信息化水平评价工作的不断完善和提升，促进教育信息化与教育教学实践的深度融合，从而加速我国教育现代化进程。

二 中小学教育信息化水平评价体系的新实践

教育信息化评价已成为推进教育信息化的重点工作。2018 年教育部印发的《教育信息化 2.0 行动计划》标志着我国教育信息化建设的开始。国家层面开展了全国性教育信息化专项督查，各省市积极制定具有地方特色的个性化指标体系以及教育信息化工作评估方案，为教育信息化水平评价积累了初步经验。深入开展中小学教育信息化水平评价实证研究，科学评价我国基础教育信息化发展水平，客观分析中小学教育信息化建设过程中面临的突出问题，对我国基础教育信息化高质量发展具有重要的现实意义，主要表现如下：

首先，有效引导中小学教育信息化转向软实力建设。随着信息技术的更迭换代和国家战略转型，中小学教育信息化已经由量的发展转变到注重质的内涵发展阶段，由广覆盖的硬设施投入转向信息技术与教育的深度融合。研究构建能够反映中小学信息化发展水平的评价指标体系，通过相关特色评价指标的研发与应用引导教育信息化建设由注重硬件设施建设转向注重教学资源和教育质量等软设施建设，对于提高中小学教育信息化投入的效率和收益具有极高的战略价值和实践价值。

其次，实现中小学教育信息化水平的可比较性。不同区域的学校之间，中小学教育信息化水平存在着较大差异。探寻影响区域、城乡中小学教育信息化发展差异的关键因素，通过抽象掉因信息化硬件设施差异而实现区域可比较性，形成育人本位的中小学教育信息化水平评价体系，采用层次分析法遴选中小学教育信息化水平评价指标，在实证研究基础上构建育人本位的中小学教育信息化水平评价模型，将为中小学教育信息化水平横向比较提供有效的评价工具。

最后，总结区域中小学教育信息化水平评价实践案例。国家深入推动中小学教育信息化建设，各地中小学积极开展教育信息化建设校本化实践，构建了具有地方特色和校本特色的教育信息化评价体系，在实践中得到长期、广泛应用，切实提升了区域中小学教育教学质量。本书通过育人本位的教育信息化建设典型案例征集，激发中小学教育信息化软实力建设的主动性、积极性和创造性，将以理论与实践的互动推动我国中小学教育信息化水平的不断提高。

第三节　中小学教育信息化水平评价体系的研究内容与方法

本书基于育人本位的中小学教育信息化水平评价理论框架，运用科学的研究方法构建育人本位的中小学教育信息化水平评价指标体系，并结合实证研究结果和典型案例，引导中小学教育工作者借助信息技术探索、拓展和延伸实现个性化教育的空间。

一 中小学教育信息化水平评价体系的研究内容

中小学教育信息化水平评价体系的研究内容主要包括理论建构、体系形成、实证检验、评价应用等维度，具体包括以下四部分。

第一，中小学教育信息化水平评价理论框架研究。基于教育信息化理论、评价学理论、教育评价理论和创新教育理论，聚焦个性化教育、个性化学习等实践智慧的总结与提炼，构建育人本位的中小学教育信息化水平评价理论框架，将为引导全国不同地区的中小学加大教育信息化软实力投入力度、推动个性化教育和个性化学习提供可靠的理论依据。如图1-1所示。

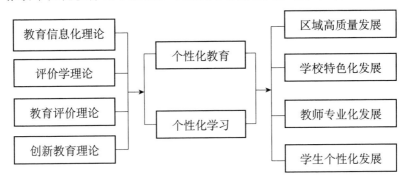

图1-1 理论框架

第二，中小学教育信息化水平评价指标体系构建。基于育人本位的教育信息化理念，聚焦教育信息化服务师生个性化发展的关键领域，构建目标清晰、服务师生个性化发展的中小学教育信息化水平评价指标体系，其中包括信息化设施与数字教育资源、师生信息化素养、应用服务、保障机制以及信息安全等关键维度。

第三，中小学教育信息化水平评价指标体系实验验证。科学高效、符合教育发展方向的评价体系，是引领中小学教育信息化发展的正确方向、引导和规范信息技术与学科教学深度融合的理论工具。因此，建构育人本位的中小学教育信息化水平评价标准和指标体系，研制信效度可靠的评价工具，建立健全体现校本特色和优势的自主评价机制，可实现以评价推动信息技术与学科教学的深度融合的目标。

第四，中小学教育信息化水平评价指标体系应用前景。2022 年，国家启动实施"教育数字化战略行动"，教育数字化转型加速推进，中小学教、学、管、评模式正在发生深刻变革，育人本位的中小学教育信息化水平评价体系应用前景可期。各地中小学不断涌现出从"信息化设施对师生发展和教育教学效率的贡献率"的视角，评价教育信息化教学及成效的创新性实践，可以验证中小学教育信息化水平评价指标体系的应用价值。

二　中小学教育信息化水平评价体系的应然价值

在飞速发展和充满不确定性的信息社会，未来对人才需求规格将发生根本性转变，即社会需要的是能够应用知识解决现实问题的创新人才，而不是知识的被动接受者。传统的教育模式已经不能满足社会对创新人才的广泛需求，教育必须更加重视和强调创新思维品质、解决问题能力以及沟通合作能力的培养。德国存在主义哲学家雅斯贝尔斯指出："教育即生成。教育就是人的灵魂的教育。其目标就是培养全人。"教育不仅应包括"知识内容的传授"，而且应包括"生命内涵的领悟、意志行为的规范，并通过文化传递功能，将文化遗产教给年轻一代，使他们自由地生成，并启迪其自由天性。"教育信息化赋予学生借助信息技术发展创造性思维、创造能力的条件与机会，助力每个学生全面而有个性地发展。在教育数字化加速转型的背景下，信息技术与教育教学的深度整合，是教师借助信息技术实现教学理论、教学模式、教学思维、教学方法的创新性发展，以真正实现个性化教育；信息技术与学生学习的深度整合，是学生借助信息技术实现学习方式、思维方式、行为方式的系统性改变，以真正实现个性化学习。

因此，中小学教育信息化水平评价体系的应然价值如下：

一是育人本位的价值取向是中小学教育信息化水平评价的基本依据。基础教育信息化是服务基础教育师生教与学的信息化，信息化水平反映的是信息技术对实现育人目标的过程和结果的贡献大小。中小学教育信息化的价值在于有效提高育人质量和育人效率。

二是个性化教育是体现中小学教育信息化水平的关键要素。创新人才培养的正确途径是尊重个性特点，发现个性潜质，培育个体优势，帮助个体制定个性化学习策略并找到适合自己的发展道路。中小学教育信息化促进了课堂形态转变、增加了师生互动机会、扩大了优质资源覆盖面,无限拓展了个性化教育的空间和边界。

三是个性化学习是表征中小学教育信息化水平的重要指标。中小学教育信息化的重要任务是促进学生的个性化学习,使不同层次的学生根据自己的学习需求选择学习资源、改进思维方式成为可能。中小学教育信息化水平评价,重点要衡量和评估信息化对学生个性化学习的积极推动作用和真实贡献率。

三　基于理论与实证研究构建中小学教育信息化水平评价体系

本研究遵循从理论到实证再到实验的基本思路。首先,基于理论研究,明确育人本位的价值取向,主要包括:个性化教育是体现基础教育信息化水平的关键要素,个性化学习是表征基础教育信息化水平的重要指标,引导软实力建设是基础教育信息化水平评价的核心目标;其次,研制育人本位的中小学教育信息化水平评价标准、指标体系和评价工具;最后,验证理论框架的科学性、行动策略的精准性和有效性、评价工具的信效度和易用性,推动研究成果应用转化。研究技术路线如图 1-2 所示。

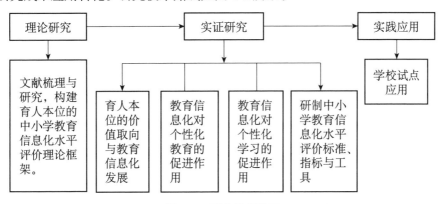

图 1-2　研究技术路线

四　中小学教育信息化水平评价体系的研究方法

本书综合运用文献研究、比较分析、问卷调查、模型量化和案例分析等研究方法，构建育人本位的中小学教育信息化水平评价指标体系，为引导中小学教育信息化软实力建设提供实证参考。

（一）文献研究法

本书采用文献研究法进行学理分析，广泛收集国内外与本研究领域相关的文献，包括教育信息化理论、教育评价理论、信息化评价理论以及创新教育理论等，掌握最新研究成果，借鉴适用于中小学教育信息化水平评价的相关理论。深入分析有关中小学教育信息化水平评价研究的最新文献，包括学术研究文献以及政府、行业文件规范等，并对中小学教育信息化水平评价的理论进行梳理与论证。

本研究按照主题"中小学教育信息化"通过中国知网（CNKI）进行文献检索，截至 2024 年 3 月，共查到文献 2 746 篇；按照主题"教育信息化评价"进行文献检索，共查到文献 138 篇，并对 138 篇文献进行详细阅读和分析。

从主要主题分布来看，教育信息化评价研究主要聚焦以下几个方面：教育信息化评价政策、教育信息化评价指标构建、教育信息化评价模型构建、教育信息化评价实证研究、教育信息化评价的困境与对策等方面。如图 1-3 所示。

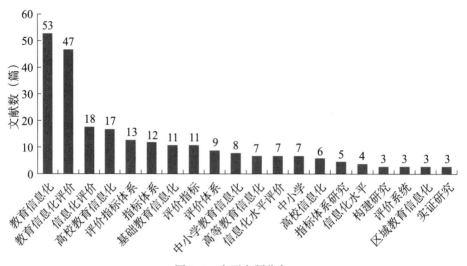

图 1-3　主要主题分布

从历年发文数量可知，教育信息化评价研究成果在 2017 年最多。2017 年以前，整体呈波动增长态势；2017 年以来，教育信息化评价发文数量有明显下降，随后在近三年有所增加（见图 1-4）。

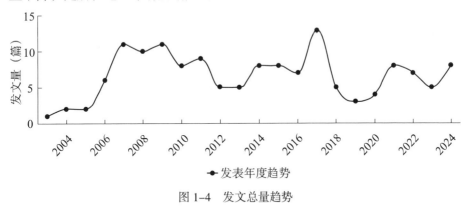

图 1-4　发文总量趋势

（二）比较分析法

本书在梳理国内外中小学教育信息化建设标准及水平评价指标的基础上，采用比较分析法，分析中小学教育信息化水平评价的共性指标和不同社会经济背景下教育信息化水平评价的独特之处，为中小学教育信息化水平评价指标体系的构建提供依据。

（三）问卷调查法与专家访谈法

问卷调查法与专家访谈法是社会科学研究中常用的两种数据收集方法。问卷调查法是一种量化方法，通过向被调查对象发放标准化的问题表格，收集大量数据，以了解被调查对象的观点、态度、行为等情况。这种方法适用于样本量较大、信息需求相对明确的研究，能够提供广泛的数据基础，但被调查者的回答受限于问题的设计和选择。专家访谈法是一种质性方法，通过与具有相关专业知识和经验的专家进行面对面的深入交流和讨论，以获取专业见解、建议和意见。这种方法适用于复杂、多层次问题的研究，能够深入了解问题的本质、发现潜在的因果关系，但受访专家的选择和信息获取过程相对较为耗时，成本也较高。

综合使用问卷调查法和专家访谈法可以弥补彼此的局限性，提高研究的全面性，提高研究结果的可靠性和有效性。为了解不同利益相关者所关注的中小学教育信息化水平评价体系核心要素的不同，本研究采用问卷调查和深度访谈的研究方法获取数据。问卷发放对象为中小学教育信息化政策制定者、学校管理者、教师、学生及学生家长等，并对其中关键对象进行深度访谈。

（四）量化模型法

问卷分析主要采用因子分析、多元回归等方法，主要应用软件为SPSS19.0；访谈材料分析主要采用内容分析法，主要应用软件为 Nvivo12 执行分析软件；评价指标体系权重赋值，采用 AHP 方法，分析软件为 Matlab R2010b 软件。

（五）案例分析法

本书聚焦中小学教育信息化水平评价实践、学校数字教育资源建设、学科教学深度应用、教育教学评价应用、教师信息素养提升、学生信息素养及其与学习成绩关系、教育服务创新应用等关键要素，通过典型案例的总结、提炼与分析，为探索中小学教育信息化软实力建设的发展方向与策略提供实证数据和经验支持。所采用案例的主要内容如下。

1. 区域中小学教育信息化水平评价实践案例

通过构建具有地方特色的中小学教育信息化水平评价体系，在实践中得到长期、广泛应用，切实提升了区域中小学教育信息化水平。

2. 学校数字教育资源建设案例

通过建立规范的数字资源评价标准，自主开发或引进优质数字教育资源，有效满足师生发展个性化需求；实现优质数字教育资源共建共享、互联互通，提供优质精准的数字教育资源服务。

3. 学科教学深度应用案例

将信息技术与学科教育教学深度融合应用，创新教学设计、创新教学模式、提升教学效果，提供理论和数据支持。

4. 教育教学评价应用案例

学校或教师利用大数据、人工智能等新技术开展教育教学评价的具体实践，有效提高了教育评价的科学性、专业性、客观性，表现性评价、过程性评价和发展性评价在实践中不断创新。

5. 教师信息素养提升案例

利用互联网、大数据、人工智能等新技术，构建开放互动、以培养创新人才为目标的教研体系，包括教研目标、教研内容、教研方式、教研评价、教研反思以及教研改进的系统性变革，提升教师信息技术与学科教学融合的能力；教师利用信息技术转变教学模式，实施个性化教育，培养学生创新意识、创新思维和创新品质的成功案例。

6. 学生信息素养及其与学习成绩关系案例

学生利用信息技术实现学习方式转变、改进思维方式、实现个性化学习的成功案例；基于大数据分析或课堂教学观察，科学探讨了中小学生信息素养与学习成绩的关系，积累了能够支持中小学生信息素养与学习成绩内在关系的证据。

7. 教育服务创新应用案例

学校充分应用信息技术，创新教育服务方式，在减负提质、课后服务、家校共育等方面开展应用实践，有力引导了家庭树立科学的教育理念，社会反应良好。

第二章

中小学教育^① 信息化水平评价 发展状况与趋势

我国教育信息化发展经历起步、基础建设、应用推广和融合创新等阶段，逐步提高了教育信息化的发展水平，为教育现代化奠定了基础。在教育信息化发展过程中，政府及相关部门高度重视教育信息化评价，将其作为教育信息化顶层设计的重要组成部分。教育信息化的快速发展对（基础）教育信息化评价提出了新的要求。建立符合教改方向、遵循基础教育规律、多元主体参与的中小学教育信息化水平评价体系，既要借鉴国内外已有的相关研究成果，又要结合我国基础教育改革进程研制适用的评价工具。

第一节　国内外教育信息化水平评价发展研究

随着信息技术在教育领域的应用场景不断拓展以及师生信息素养逐步提高，信息技术与学科教学逐渐呈现深度融合态势，利用信息技术变革学习方式取得新进展，中小学教育信息化研究成果也呈现持续增长状态。

一　国外教育信息化水平评价发展研究

国际电信联合会、联合国教科文组织、国际教育技术协会等专业机构以及欧美教育信息化发达国家在其国家教育信息化政策中均明确了教育信息化评价的重要性及评价的主要内容。

———————————

① 文中出现的"基础教育"主要指"中小学教育"。

（一）国际组织及英美等国家教育信息化评价研究

1995 年，国际电信联合会（ITU）提出 ICT（Information Communication Technology）发展指数评价模型，该模型包含三个不同的评估指数：一是接入指数（DAI），用以评估世界各经济体在互联网应用方面的接入水平；二是数字化机会指数（DOI），反映国家或地区的数字经济发展水平和机遇；三是信息化状态指标（MID），反映经济体的信息化密度、信息化应用程度和信息化发展水平。2016 年 11 月 22 日，国际电信联盟（ITU）发布 2016 版《衡量信息社会报告》，该《报告》显示，排在前十位的国家和地区均来自欧洲和亚洲，韩国以 0.01 分的优势再次蝉联首位，分值为 8.84。中国 IDI 分值为 5.19，排在 81 位，较 2015 年提升 3 个位次，高于全球 IDI 平均值（4.94），进入亚太地区前十名。

联合国教科文组织教育信息技术研究所为更好地评估 ICT 教育应用现状、需求与发展，通过比较 UNESCO 成员国家的教育进展，考察新的技术在全球教育中的作用，开展了 ICT 教育应用指标项目。[①] 评价指标包括 ICT 与课程整合情况、ICT 课程教学情况、国家教育信息化规划及举措、生机比、网络多媒体系统的分布情况、学校连接互联网情况、不同学科所用教育软件、教师对 ICT 应用的自信及专业发展、信息素养水平及管理者的专业水平等。

国际教育技术协会（ISTE）面向学生、教师、学校管理人员等对象，研制相应的评估标准，如面向学生的美国教育技术标准（NETS·S）、面向教师的美国教育技术标准（NETS·T）、面向管理人员的美国教育技术标准（NETS·A）及面向计算机科学教育者的标准（NETS·CSE）等。NETS 作为一套系统规划制定的、指向 21 世纪的学生能力标准体系，对利用技术促进教育变革的实践具有重要指导意义。

2001 年，美国教育技术 CEO 论坛（CEO Forum on Education and Technology）开发的 STaR 评估量表，已成为美国一些州及学校衡量本单位

---

① 刘香玉.国际 ICT 教育应用有效性指标研究及启示 [D]. 东北师范大学硕士学位论文 ,2007.

教育信息化发展水平的标尺。该量表着重从技术使用等级维度，对硬件和网络连通性、教师专业发展、数字化资源、学生成就和考核四个方面进行系统评估，有效监控与评估各级学校 ICT 能力发展状态，为未来实施科学、合理以及可持续的政策提供参考与借鉴。美国 1996 年、2000 年、2004 年、2010年发布的《国家教育技术规划》表明，美国教育信息化走过了基础设施与设备配备、教育资源建设与推广、教师全员信息技术应用能力建设等阶段，进入深入应用、全面融合、引领创新的发展阶段，寻求教育系统的整体变革成为其教育信息化发展的新目标。

欧洲教育信息网联（Eurydice）在 1999—2000 年度的教育信息化年度报告中，提出欧洲信息技术教育应用评价项目的评价指标，包括教育信息化的政策倾斜、教育信息化经费预算情况、信息技术课程情况、教师在日常教学中使用信息技术的情况、教师教育的信息化情况等五个方面，并于 2001 年开始使用该指标进行评价。

2006 年 3 月，英国教育通讯与技术署（The British Educational Communications and Technology Agency，BECTA）提出了自我评估框架（Self-review Framework），主要用来衡量学校的 ICT 使用"成熟"程度。自我评估框架主要包括八个要素：领导和管理（leadership and management）、课程（curriculum）、学习和教学（learning and teaching）、评估（assessment）、专业发展（professional development）、拓展学习机会（extending opportunities for learning）、资源（resources）、影响学生的学习结果（impact on pupil outcomes）。

亚洲国家和地区基础教育信息化指标体系主要参照 ACCS（The Asian Campus Computing Survey）项目。该项目通过问卷调查的方式来了解亚洲各国信息化建设、发展的最新动态和信息，相互交流和借鉴各国教育信息化中的成功经验。新加坡在 1997—2014 年的三个阶段总体计划（Master Plan1、Master Plan2 和 Master Plan3）中，始终将"ICT 运用于教育中的课程与相应的评价"列为国家实施教育信息化的一个重要维度。韩国基础教育信息化指标体系是一个具体应用，共有支持、投入、应用和成果四个一级指标和 29个二级指标，数据可得性和可比性较强。

（二）信息技术应用效果及影响因素研究

在新型的学习方式如在线学习、数字化学习、移动学习、混合学习、智慧学习等在教学中逐渐普及的过程中，研究者开始关注信息技术在具体学科领域的应用效果。2019 年美国教育科学研究院（IES）发布的《利用技术支持大学生学习》报告，对未来有效使用技术支持学习的建议指出："技术可提供在大学内外取得成功的关键社会联系，技术的提供应与学习成果的目标相结合，对此，我们需要更加严谨的技术干预对学生成功影响的研究"。

爱德华（Edward.K，1996）对技术接受问题进行了关注，强调教学设计时要考虑不同学生群体的计算机通用知识水平的差异，消除学生对计算机技术的抵抗力与焦虑。[1] 罗塞尔（Russel，1999）对 355 篇远程教育效果研究文献的元分析发现，接受远程教育课程（计算机辅助教学、录像带、互动音像节目）的学生和课堂面授的学生相比，其学习结果（测验分数、等级、学业表现及学生满意程度）并不存在显著差异。[2] 法威兹·阿尔巴罗施（Fawzi Albalooshi）所做的一项计算机辅助教学效果的实验研究表明，将媒体呈现和教师讲授结合组成数字媒体教学系统，由此系统引发教学互动，学生的学习效果比传统课堂高 40% 以上。[3] 施沃姆（Schworm.S，2006）认为，在计算机支持的案例学习环境中，学习者自我解释行为的发生对教学效果的如期与否有着直接关系。该研究通过数据比较分析发现：案例类型和有无诱发自我解释两个因素之间是互相独立的，即无论案例的类型，诱发自我解释组的成绩均高于直接解释组；相较于集中诱发自我解释的行为，分散诱发自我解释的方式更能促进知识迁移。[4]

---

[1]　Edward K.Computers in the Information Systems Classroom: Instructional Implications for the Anxious Learner[J]. Journal of Computer Information Systems. 1996, 37(1): 76-81.

[2]　徐学进, 刘曼曼 . 提高基层电大现代远程教育教学效果刍议 [J]. 电大教学, 2002 (1): 19-21.

[3]　Fawzi Albalooshi. Multimedia as a Cognitive Tool[J]. Educational Technology & Society, 2002, 5(4): 49-55.

[4]　Schworm, S., Renkl.A. Computer-supported Eexample-based Learning: When Instructional Explanations Reduce Self-explanations[J]. Computers & Education, 2006, 46(4): 426-445.

（三）学生信息素养评价研究

国际教育成就评价协会（International Association for the Evaluation of Educational Achievement，IEA）认为，要适应未来经济和社会发展的需要，必须让学生具备必需的计算机和信息素养。2016 年《面向未来：21 世纪核心素养教育的全球经验》研究报告强调，信息素养是 21 世纪公民核心素养的重要组成部分。

美国图书馆协会 1998 年版的《学生学习的信息素养标准》，为描述具有信息素养的学生提供一个概念框架和主要方针。该标准包括 3 个类别、9 个标准（见表 2-1）和 29 个指标。每个指标后面都有一个如何应用于学生的说明。每个指标后面有三个"熟练水平"描述符，"熟练水平"基于不同的资源被设计成反映布鲁姆教育目标分类学的学习水平，以帮助测量学生掌握信息素养要素的程度。

表 2-1　学生学习的信息素养标准（美国图书馆协会 1998 年版）

维度	标准
信息素养	标准一：具有信息素养的学生能高效和有效地存取信息。
	标准二：具有信息素养的学生能批判性地和适当地评价信息。
	标准三：具有信息素养的学生能准确地和创造性地使用信息。
独立学习	标准四：成为独立学习者的学生具有信息素养并追寻那些自己需要的信息。
	标准五：成为独立学习者的学生具有信息素养并能鉴别文献和其他创造性的信息表述。
	标准六：成为独立学习者的学生具有信息素养并在信息查询和知识形成的过程中追求卓越。
社会责任	标准七：对学习型社区和社会做出正面贡献的学生具有信息素养并认识信息对民主社会的重要性。
	标准八：对学习型社区和社会做出正面贡献的学生具有信息素养并在信息和信息技术方面实践有道德的行为。
	标准九：对学习型社区和社会做出正面贡献的学生具有信息素养并在追求和形成信息的过程中参与有效的团队合作。

美国国家教育技术行动计划（National Education Technology Plan）指出，各州应该持续推动培养学生在 21 世纪所需要的信息素养和技能，包括批判

性思维、复杂问题的解决、多媒体通信等能力。在 2014 年的美国国家教育进展评估（NAEP）中，并展学生的信息技术能力测评，包括计算机和学习软件精通能力、理解网络系统和网络规范、熟练应用手持数字设备，以及获取、提供和交流信息等能力。北美地区信息素养主要包括信息知识、信息技术、信息获取、信息评价、信息意识、信息道德。相比信息意识，北美地区更重视信息技术的使用技能，如信息知识和获取、信息交流和利用、信息组织和管理以及信息评价等。在新的发展进程中，北美地区信息素养更强调对信息的反思批判、发现创造，体现出信息化时代对个人的批判思维、创新创造能力培养的新要求。在 2000 年由亚太经合组织举办的 PISA（Programme for International Student Assessment）信息素养测验和 2013 年由国际教育协会举办的国际计算机与信息素养研究（International Computer and Information Literacy Study，ICILS）的学生信息素养测试中，美国和加拿大的学生信息素养得分都大幅高于平均水平，体现了北美地区学生的信息素养水平位于世界前列。

2008 年，欧盟委员会指出，信息素养愈来愈成为数字化时代必不可少的基本能力，不能有效访问信息和使用信息技术将成为社会发展、个人发展的极大障碍。2010 年 5 月，欧盟发布了"欧洲数字议程"（the Digital Agenda for Europe），提出提高全民数据素养、信息知识和信息技能等要求，并将其纳入"2020 欧盟战略"七大计划之一，建立了"数字化欧洲标准"的概念框架。

二　国内教育信息化水平评价发展研究

教育信息化是人类进入信息时代的必然选择，是在教育领域内全面深入运用现代化信息技术，促进教育改革和发展的过程。对教育信息化评价的研究事关教育信息化系统高质量运行的理论依据和实践方向。

（一）教育信息化水平评价政策

信息化是教育现代化的重要标志之一，教育信息化是推进教育现代化的重要途径。政府及相关部门高度重视教育信息化评价，教育信息化评价成为教育信息化顶层设计的重要组成部分。

2012 年,《教育信息化十年发展规划（2011—2020 年）》要求,结合教育信息化需求,开展教育信息化标准化基础科研,加快标准的制定与修订步伐,强化标准的宣贯,推动标准化实施,确保数字教育资源、软硬件资源、教育管理信息资源等各方面内容的标准化和规范化。

2013 年 10 月,教育部发布《关于实施全国中小学教师信息技术应用能力提升工程的意见》,决定实施全国中小学教师信息技术应用能力提升工程。其中,建立教师信息技术应用能力标准体系和开展信息技术应用能力测评,以评促学,激发教师持续学习动力是提升工程的总体目标和任务之一。同时做好监管评估工作,各地市及区县级教育行政部门要重点加强中小学校推动信息技术应用工作的监管评估。

教育部办公厅于 2014 年印发《中小学教师信息技术应用能力标准（试行）》（以下简称《能力标准》）、《中小学教师信息技术应用能力培训课程标准（试行）》（以下简称《课程标准》)。《能力标准》是规范与引领中小学教师在教育教学和专业发展中有效应用信息技术的准则,是各地开展教师信息技术应用能力培养、培训和测评等工作的基本依据。《课程标准》对教师在培训中的实践任务和学习成果提出明确要求,旨在推动教育行政部门、教师培训机构和中小学校协同开展教师应用成效评价,做好中小学教师信息技术应用能力测评工作,确保教师信息技术应用能力得到切实提升。以上两个文件的颁发和提升工程的项目启动,对我国教育信息化评价工作具有里程碑作用。

2018 年,教育部《教育信息化 2.0 行动计划》要求,全面开展面向区域教育信息化的督导评估和第三方评测,提升各地区和各级各类学校发展教育信息化的效率、效果和效益,通过科学、系统的持续性测评,掌握我国不同学段的学生信息素养发展情况,为促进信息素养提升奠定基础。

2021 年,教育部等六部门《关于推进教育新型基础设施建设构建高质量教育支撑体系的指导意见》（教科信〔2021〕2 号）明确提出,国家和省级教育行政部门应建立覆盖信息网络、平台体系、数字资源、智慧校园、创新应用、可信安全等方面的标准规范体系。重点制定平台建设、数据治理、网络安全等方面的标准，推动平台互联、数据互通和安全可控，制定教育新基建各项任务的指标体系和建设指南，提高建设质量和效率。

（二）教育信息化评价研究的整体现状

文章名为"教育信息化评价"的研究文献，在知网上可追溯到 2003 年，随着 2003 年 9 月 8 号中国高等教育学会信息化分会的成立，教育信息化评价成为较为关注的研究方向。不过对于教育信息化评价的研究主要聚焦在高校信息化评价方面。2005 年，张豪锋、孔凡士在《教育信息化评价》一书中，对教育信息化评价的基本概念和国际比较做了较为详细的研究，本书介绍了当时教育信息化评价的方法和指标体系，并通过对河南省教育信息化评估指标体系进行实证研究，介绍了教育信息化资源评价和教育绩效评价等内容。

随后我国教育信息化研究呈逐年上升趋势，其研究主题主要围绕教育信息化评价的相关理论、常用方法和技术、不同阶段教育信息化评价指标体系建构和区域教育信息化评价这四个维度。[①]

一是教育信息化评价的相关理论。目前教育信息化评价相关理论（工具）有应用层次分析法和灰色熵权法建立的教育化信息化评价模型、采用模糊综合评判方法构建的评价模型、利用 TOPSIS 方法和灰色关联分析的方法构建的高等学校教育信息化的评价模型、采用绩效理论和元建模技术构建的绩效导向的教育信息化评价模型和系统评价理论等。教育评价的目的有改善效果说、优化资源说、推动发展说等。安岩（2016）提出，教育信息化评价指的是按照一定的客观价值依据，对教育信息化所产生的能力进行的系统评判。教育信息化评价的目标在于推动教育信息化整体发展，从而使现代化进程更加顺畅，增强教育质量，为现代化高素质人才培养奠定基础。[②]赵晓声、卢燕、袁新瑞（2014）在分析教育信息化评价层次的基础上，结合当前我国教育信息化评价的现实问题，提出教育信息化评价必须秉持的核心价值是"反映技术对教育发展和学校整体工作的支持与变革程度"，具体表现为教育

---

① 黄晓.陕西省中小学教育信息化评价指标体系研究 [D].陕西师范大学硕士学位论文,2017.

② 安岩.教育信息化评价研究 [J].中国成人教育,2016(9): 131-133.

视野与需求导向。^①李姗泽、范亮（2012）从健全教育信息化条件保障机制、建立教育信息化共建共享机制和建立教育信息化工作评价机制三个方面探讨信息化促进基础教育均衡发展的机制，以此推动基础教育均衡发展，实现基础教育公平。^②

二是教育信息化评价常用的方法和技术。早期教育信息化评价主要从理论上探讨了如何从绩效的角度进行教育信息化评价，但多介绍抽象的思路和方法，缺乏实际的应用和定量分析，其可操作性和有效性有待检验。因此，有学者开始使用定量的评价方法，如问卷调查、评价指标体系等。运用评价指标体系就涉及指标权重确定，方法很多，主要有层次分析法、回归分析法、特尔菲法以及秩和运算法等。为了最大限度上减少评价过程中人为因素的影响，学者开始使用综合评价的方法，如主成分分析法、模糊综合评价法、因子分析法等。为了弥补部分样本数据可能失真的不足，有学者提出可在客观统计建模分析的基础上，结合特尔菲法、模糊层次分析法等主观评价法来确定指标的权重，以有效提高评价结果的准确性。为了弥补依赖专家定性评价和简单的加权平均的评价局限，很多专家开始将层次分析法（AHP）与灰色关联分析法进行有机结合，并在此基础上提出高校信息化水平综合评价方法，也有专家提出要综合运用各个学科的方法，例如用运筹学中的数据包络分析法（Data Envelopment Analysis，DEA）去建构评估模型。事实上，每种方法都有其适用性和局限性。教育信息化评价方法正经历一个从定性到"定性—定量—实证"相结合的过程。^③

三是不同阶段教育信息化评价指标体系建构。不同阶段的教育信息化评价指标体系略有不同，如高校信息化评价指标体系中主要包含经费投入和综合管理^④、战略地位、基础设施、信息人才队伍、信息资源、信息化应用、组

① 赵晓声,卢燕,袁新瑞.中小学和幼儿园教育信息化评价——教育视野与需求导向 [J].电化教育研究,2014(6): 51-57.

② 李姗泽,范亮.信息化助推义务教育均衡发展的机制探讨 [J].电化教育研究,2012(10): 41-44.

③ 张晨婧仔,王瑛,汪晓东,焦建利,张英华.国内外教育信息化评价的政策比较、发展趋势与启示 [J].远程教育杂志,2015,33(4): 22-33.

④ 孔繁世.河南高校教育信息化的评估分析与思考 [J].河南大学学报(社会科学版),2003(1): 127-130.

织机构和管理、安全保障机制、远程教育、教育投资、教学科研应用、教育管理信息化、信息化保障体系等多维度评价内容。[①]中小学教育指标评价体系中主要包括组织与管理、基础设施与公用管理平台、教学资源建设与应用、信息化应用、信息化人才、中小学校长的教育技术领导力评价;[②]教育信息化环境评价、信息化管理评价、信息化教学评价、学生发展评价、学校发展评价等。[③]通过对评价指标体系各指标中关键词的统计发现,基础设施和资源建设是评价中的核心高频词,这与2004年教育部发布的《2003—2007年教育振兴行动计划》中提到加快教育信息化基础设施、教育信息资源建设和人才培养是分不开的。在学校层面,教师和学生的教育技术素养以及项目实施中的过程管理、实施后的效益情况也是重要的评价要素。[④]

四是区域教育信息化评价。2005年开始出现关于区域教育信息化方面的研究,分别是以北京一所中学、四川省中小学为研究对象。随后该主题研究主要地区集中在北京、江苏、河南、广西、上海、海南、浙江、新疆、陕西、内蒙古等地区。可以看出,教育信息化评价方面的研究重点开始由理论向实践转移,开始注重区域教育信息化的评价,以及评价指标的实际应用。

第二节　国内外中小学教育信息化水平评价发展研究

基础教育信息化在整个教育信息化发展中具有基础性地位,是教育信息化的重中之重。[⑤]当前国内外基础教育信息化评价研究内容丰富多样,涵盖政策法规、理论体系、实践探索、技术应用等多个方面。同时,各国对基础教育信息化评价的关注度逐渐提高,投入力度不断加大,实践案例不断丰

---

① 蒲善荣.高校教育信息化的评价指标体系设计动态研究 [J].电化教育研究,2009(1): 36-40.

② 郭伟刚,李亚娟,岑健林,朱珍,戎海武.学校教育信息化绩效评价模型的设计和应用 [J].中国电化教育,2010(4): 36-40.

③ 肖玉敏.学校教育信息化评价指标体系初探——中小学校长的视角 [J].中国电化教育,2009(2): 25-29.

④ 刘鹏图,谢幼如.高校教育技术工程的绩效研究 [J].电化教育研究,2008(1): 18-21.

⑤ 赵晓声,卢燕,袁新瑞.中小学和幼儿园教育信息化评价——教育视野与需求导向 [J].电化教育研究,2014(6): 51-57.

富，创新不断涌现，尤其是基于大数据、人工智能等新技术的评价方法和研究手段逐渐应用于该领域。

一　国外中小学教育信息化水平评价

李枞枞（2018）对美国、英国、日本、韩国、新加坡、芬兰的基础教育信息化评估做了较为详细的分析说明。多数发达国家在国家层面开展全国范围的基础教育信息化发展水平评估，同时开展面向不同区域的评估，而教育机构及教育行政部门的信息化自评逐渐成为一种发展趋势。日本、韩国、新加坡等国家注重自动评估系统的开发与应用，提高了评估的效率，使评估结果的应用服务于更多的决策部门。此外，发达国家通常注重建立评估标准，提高评估的质量和精准度，提升基础教育信息化发展的质量。[①] 为了使基础教育信息化发展水平评估更加具有可比性和针对性，许多国际组织和大部分发达国家针对不同地区制定并发布了不同国家或地区间教育信息化评估指标体系。例如，美国教育技术 CEO 论坛开发了 STaR 评估体系。发达国家通常采用项目管理的理念推进本国基础教育信息化工作。在项目实施过程中，项目管理者广泛运用管理学知识和技能，借助科学的方法和工具，对项目的实施过程进行整体监测评估，确保基础教育信息化工作在有限条件下能够顺利推进并达到预期目标。并且，得益于基础教育信息化相关评估体系的逐渐完善，以项目评估的形式开展基础教育信息化评估工作，在发达国家中也更加普遍。这使得发达国家基础教育信息化评估的实践相对具有更大规模，影响也更加广泛。此外，发达国家宏观层面的基础教育信息化发展水平评估逐渐重视量化研究，多数形成详细的研究报告。报告内容既涉及本国或地区在基础教育信息化基础设施建设、信息技术在教育管理和课堂教学中的应用、教师教育信息化专业发展和学校及教育机构的教育信息化发展机制保障等方面的各类项目和研究成果；包括对本国或地区基础教育信息化相关政策和规划的归纳和总结，同时还包括时间维度上的纵向比较，分析基础教育信息化发

---

① 李枞枞.基础教育信息化发展水平评估研究 [D].华中师范大学博士学位论文，2018.

展趋势等内容。国际层面的基础教育信息化发展水平评估报告通常还包括国际比较和分析。最后，发达国家通常注重对评估结果的充分利用，为国家或地区基础教育信息化发展提供决策支持。国际范围或国家范围的教育信息化发展水平的调研通常采用多个层面、多个维度、各类直接利益相关者视角的思路设计问卷及调研方法，评估结果包含丰富的数据信息，能够比较全面系统地反映教育信息化发展水平和未来发展趋势。对数据结果进行一系列分析与讨论，有助于政策制定者了解调研区域教育信息化发展的整体水平，获得可供借鉴的经验，并进一步明确目前教育信息化发展所面临的挑战，进而为制定下一步的教育信息化政策提供支持。

蒋鑫（2021）[①]在其博士论文中详细分析了1958—2018年美国基础教育信息化发展与变革研究。其研究认为，以评促建是推动美国基础教育信息化不断向前发展的重要动因之一。自1958年以来，评估一直是美国改革者关注的重要问题，改革者也一直试图通过对改革成效的评估来测评改革措施的有效性。从政府施策的视角看，1958年至90年代初，联邦政府出台的支持基础教育信息化发展的政策不仅本身缺少远景计划，而且不同政策之间也呈现静态孤立的特点，教育技术应用更多地被视为推动教育改革、解决教育问题的手段，基础教育信息化发展一直都没有被当作一项专门的工作来对待。因此，这一时期尚未形成系统、针对性的评估机制，在此时期，对基础教育信息化改革的评估是经常依托于对教学的评价而展开的。首先，从评估指标上看，主要包括学业成绩、教学时间和学习体验满意度三个指标。这与教育信息化工作较多的与学生成绩、补偿性教育服务及受到国内外压力而亟须提高教学效率相联系有很大关系。以教学机为例，在60年代，美国学界很多学者开始对教学机所产生的教学绩效、对学生学业成绩的影响及学生体验进行研究，研究的结果很大程度上影响了主流舆论并最终使教学产生突破性进展。其次，从评估主体和手段上看，主要通过一线教育者、研究者等多主体侧重于对应用实践层面的研究调查进行。由各行各业的人共同监管教育事业

① 蒋鑫.美国基础教育信息化发展与变革研究（1958—2018）[D].福建师范大学博士学位论文,2021.

的改革与发展，这是在美国社会"民主"信念下所形成的多元主体参与机制和服务对象目标的复杂性所决定的。

当教育信息化逐渐上升为国家战略后，单纯以应用层面的评估已经不能适应基础教育信息化国家化与统一化的发展需求。为此，一些更加多元的评估办法发展起来，关注的内容也从局限于应用效果逐渐扩展至国家层面、学校落实以及人的能力和身心发展。具体来说，主要包括三点：一是在国家和区域宏观层面的基础教育信息化建设评级；二是在微观层面的对基础教育信息化实践的评价；三是对各相关主体的教育信息化能力评价。

二　国内中小学教育信息化水平评价

国内文章名为"基础教育信息化评价"和"中小学教育信息化评价"的研究论文有 60 篇，学位论文也 60 篇。其研究趋势如图 2-1 所示。

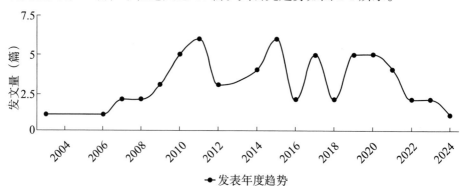

图 2-1　"基础教育信息化评价"和"中小学教育信息化评价"发文数

加强督导和评估是我国推进教育信息化事业向前发展的主要战略之一。我国《教育信息化"十三五"规划》明确提出要全面开展面向区域教育信息化的第三方评测。基础教育信息化发展水平评估的主要目标，在国家层面、省域层面、地市以及区（县）层面略有差异。从国家角度看，开展基础教育信息化发展水平评估的主要目的是统筹全国教育信息化发展，重点在于逐步缩小大的区域间的差距，即缩小东、中和西部省份之间的发展差距。从省域的角度看，则是统筹促进全省范围内的教育信息化发展，促进教育质量提升，缩小各地市、各县（区）之间的差距。从区（县）角度看，主要是统筹全区

（县）教育信息化发展，重点在于提升发展质量，缩小本地城乡之间、学校之间的发展差距。[①] 除上述区域差异研究外，基础教育信息化评价研究主要聚焦在指标体系建构、模型研究、绩效评价、信息化应用、教育信息化建设、信息化教学等方面。其中指标体系建构为本书的重点内容，将在下节对其指标内容进行详细的研究现状描述，在此仅将研究结果进行总结分析。

（一）对基础教育信息化评价的探索与实证研究

张立新（2009）从促进我国农村中小学教育信息化发展与应用的角度出发，在对江苏省镇江市部分农村中小学教育信息化应用情况进行调查的基础上，以地处茅山老区的上党中学个案为切入点，对该校教育信息化应用进行了比较深入的分析，总结了教育信息化发展经验和应用成果，构建了基于AHP层次分析法的中小学教育信息化评价指标体系。[②]

刘朋（2010）依据科学性、针对性、可操作性和动态性原则，从资源建设、管理机制和应用水平三个评价内容，对浦东新区中小学教育信息化评价进行设计研究。[③] 黄兰芳、贾巍（2011）基于平衡计分卡理论，建立基于平衡计分卡全局视角的基础教育信息化效益评估模型，将基础教育信息化效益的评估视角划分为投资、用户、管理以及新课改等四个视角，并基于STaR评估量表建立基础教育信息化效益评估指标体系。[④] 卢延强（2014）以濮阳市为例对基础基础教育信息化绩效评价进行研究，将数据包络分析应用到教育信息化绩效评价中，结合对濮阳市基础教育信息化现状的调查，设计了一种相对比较完善的教育信息化绩效评价指标体系。这一评价体系是适合中西部经济欠发达地区的教育信息化绩效评价的指标体系和模型。[⑤] 罗莉捷

① 李枞枞.基础教育信息化发展水平评估研究 [D].华中师范大学博士学位论文，2018.

② 张立新.农村中小学教育信息化应用及评价研究 [D].首都师范大学硕士学位论文，2009.

③ 刘朋.上海市浦东新区中小学教育信息化评价的实践探索 [J].教育测量与评价(理论版),2010(12): 12-15.

④ 黄兰芳，贾巍.新课改背景下基础教育信息化效益评估模型研究 [J]. 现代教育技术 ,2011(1): 34-39.

⑤ 卢延强.基础教育信息化绩效评价研究 [D].河南大学硕士学位论文 ,2014.

（2016）为了客观了解与分析我国基础教育信息化城乡发展的差异情况，根据城乡发展特点，借鉴已有的评价指标体系，构建了我国中部地区教育信息化评价指标体系，并通过计算其发展指数以评价城市、农村的教育信息化发展水平，从而建立城乡差异的指标体系。其研究使用 2014 年全国教育信息化的问卷调研，抽取出湖北、湖南、江西、河南、安徽 5 省中有代表性的 14 个城市的问卷调查结果进行分析，分析结果认为，五省城乡在基础设施方面发展最不均衡，应用服务与应用效能的差异大小在各个省表现出一致性，机制保障城乡差异最小。[①]李晓雪、黄斌（2019）首先通过德尔菲法筛选并确定评价指标，其次采用专家排序法和层次分析法分别计算出各级指标的权重，然后选择灰色关联度分析构建综合评价模型，对四川省 6 所学校的信息化程度作出综合评价。结果显示：不同地区、不同办学层次学校之间的信息化程度有一定的差距，大多数学校在信息化人才队伍、信息化保障体系两个方面存在明显不足。认为需要树立与信息化时代相适应的教育发展观念，坚持以人为本；健全基础教育信息化投入及资源配置机制，坚持良性运行；提高基础教育信息化建设的质量与均衡性，坚持协调发展。[②]曹培杰、梁云真（2019）在借鉴国内外相关研究成果的基础上，以 CIPP 评估模型为理论框架，提出基础教育信息化融合指数的初步模型，通过校长和教师代表访谈、专家咨询会议、小范围预调查等方式设计了涵盖 4 个维度、共 14 个指标的基础教育信息化融合指数模型，并通过 605 份问卷对其指标和模型进行验证。[③]

（二）对信息技术应用效果及影响因素的研究

信息技术与教学范式深度融合，既要保障教师在教学过程中不可或缺的引导功能，又要凸显学生在学习过程中的主体地位，"广泛地学，有方向地

① 罗莉捷.基础教育信息化发展水平城乡差异对比研究 [D].华中师范大学硕士学位论文,2016.
② 李晓雪,黄斌.基础教育信息化综合评价研究——以四川省 6 所学校为例 [J].中国教育信息化,2019(24):1-5+10.
③ 曹培杰,梁云真.基础教育信息化融合指数模型的设计与验证——基于605 份"中小学教育信息化融合度调查问卷"的分析 [J].现代教育技术,2019(11):19-25.

引"有效激发了学生的学习主动性，实现精准教学，提高学习成效。

吴仁英、王坦（2017）认为，信息技术可以优化教师教学过程，便于教师知识能力表达，加深学生与教师之间的联系。例如，"翻转课堂"的出现使学生可以通过视频的形式提前学习课程内容，课上完成作业并进行问题讨论，大大提升了课堂效率，且更能强调学生在教学中的主体地位，体现了深度学习、个性化学习、利用好"碎片时间"等多种优势。[①]陈雄辉等（2020）认为，从学生角度看，学生采用教学信息化手段的主要目标，就是能够借助移动终端等工具完成学习活动，形成主动学习习惯，促进个体认知发展。[②]吴南中（2023）提出基于人工智能的教师循证教育，强调将人工智能引入教师的循证教育，建构人、证据、教育教学的多重关系，在教育教师或帮助教师在教育教学过程中更加明晰问题、准确找到证据、形成用证方法，核心思想包括：（1）通过人工智能帮助教师识别问题，明确问题的类型；（2）引导教师寻求证据；（3）通过人工智能分析问题，辅助教师判断证据；（4）通过人工智能深度学习，对证据进行分层分类；（5）辅助教师确定证据与教师现实问题和应用环境的适应性。[③]

（三）对师生信息素养的评价研究

教育信息化评价不仅涵盖资源环境建设，更为重要的是学校的两个重要组成要素，即教师和学生的信息素养测评。已有研究构建了师生信息素养评价指标体系和评估模型，并开展了实证研究，取得较多的研究成果。

2023年2月，教育部在世界教育大会上正式对外发布了《教师数字素养》行业标准。这是继《中小学教师教育技术能力标准（试行）》《中小学教师信息技术应用能力标准（试行）》之后，教育部发布的第三个针对数字时代教师专业能力与素养的标准性文件。该标准从数字化意识、数字技术知识

---

① 吴仁英，王坦.翻转课堂：教师面临的现实挑战及因应策略 [J]. 教育研究，2017(2): 112-122.

② 陈雄辉，刘晓，赵丹丹等.教育信息化 2.0 时代个性化学习课堂教学评价指标体系的构建 [J]. 广东技术师范大学学报，2020(5): 28-33+41.

③ 吴南中，李少兰，陈明建.人工智能支持的教师循证教育：理论架构与行动网络 [J]. 电化教育研究，2023(5): 36-43.

与技能、数字化应用、数字社会责任、专业发展五个维度，明确了教师数字素养的框架，为新时代教师数字素养发展提供了指导，也为教师数字素养的培训与评价提供了依据。

袁建林、刘红云（2017）指出，受纸质评价方式的制约，传统信息素养评估是"静态的"，学生对测试问题的反应和表现是其内在思维与心理活动的最终结果。[①]吴砥等（2018）通过对国际典型的学生信息素养评估标准/框架的详细测评指标进行对比分析和总结，编制了《中小学生信息素养评价指标体系》，包括"信息意识与认知""信息科学知识""信息应用与创新""信息道德与法律"等4项一级指标和13项二级指标。[②]钱冬明等（2019）依据意识行为、基本技能、创新应用以及法律道德四个核心维度，通过问卷对成都市中小学生信息素养进行了测评，并就测评结果提出了相应的信息素养培育建议。研究发现，学生在意识行为、基本技能、创新应用维度上表现较好；道德和法律意识还有待加强；各地区小学学段、初中学段学生信息素养水平相近；在信息素养发展水平上，逐步呈现以中心城区为引领，县市级略靠前的发展趋势。[③]蒋龙艳（2020）认为，教育大数据技术能够有效实现多层次、全方位、动态记录学生信息素养成长数据，实现学生信息素养的全面与动态监测，形成可供进一步分析的海量、立体化、动态化教育大数据。在时空范围上，这些数据包括学生从课内到课外、从线上到线下等多个维度的信息。在数据内容上，这些数据记录了学生有关信息素养活动的各个方面。通过分析这些纷繁复杂的数据，可以从整体上反映学生的信息素养水平，从而为全面、动态评估学生信息素养提供依据。[④]朱莎、吴砥等（2020）认为，学生信息素养评价是全面提升学生信息素养水平的重要前提，而获取学生信

① 袁建林,刘红云.核心素养测量：理论依据与实践指向 [J].教育研究,2017(7): 21-28+36.

② 石映辉,彭常玲,吴砥,杨浩.中小学生信息素养评价指标体系研究 [J].中国电化教育,2018(8): 73-77+93.

③ 钱冬明,赵怡阳,罗安妮.中小学生信息素养现状的调查研究——以成都市为例 [J].现代教育技术,2019(6): 48-54.

④ 蒋龙艳.过程性评价视角下学生信息素养测评研究 [J].教师教育论坛,2020(3): 34-38.

息素养真实表现相关的过程性数据是实现精准评价的重要依据。针对传统的学生信息素养评价范式中存在的评价内容有限、评价结果效度较低，且缺乏对过程性数据的采集与分析等问题，该研究基于"证据中心设计"的核心思想，采用理论研究与实践应用相结合的方法，设计多类型的复杂情境任务，基于 xAPI 采集与存储复杂、细粒度的过程性数据，利用机器学习算法挖掘学生信息素养评价指标与过程性数据的关联机制，识别并提取学生信息素养行为特征变量，构建贝叶斯网络并训练样本数据，实现数据驱动的学生信息素养精准评价，从而为培育与提升学生信息素养提供决策参考。[1]

（四）对中小学校长教育技术领导力的评价研究

肖玉敏（2009）[2]以中小学校长的视角从教育信息化环境评价、信息化管理评价、信息化教学评价、学生发展评价、学校发展评价五个方面来评价学校教育信息化的绩效。张立国等（2023）[3]面向教育新基建的新要求，从愿景规划、组织变革、校园建设、教学改革、学习创新、自我发展六个方面概括了校长信息化领导力的转变，对校长在信息化领导过程中扮演的角色进行了定义，设计了新的中小学校长信息化领导力评价框架，研究编制了面向教育新基建的中小学校长信息化领导力评价量表，经过探索性因子分析、验证性因子分析和信度检验等步骤，对 820 份有效数据进行了检测，最后依据检测结果修订了题项，评价量表结构良好，信效度高，可作为新时代中小学校长信息化领导力的有效测评工具。

第三节　国内外中小学教育信息化水平评价指标研究

评价指标是基础教育信息化水平评价体系的重要组成部分，是对教育信

①　朱莎，吴砥等 . 基于 ECD 的学生信息素养评价研究框架 [J]. 中国电化教育，2020(10): 88-96.

②　肖玉敏 . 学校教育信息化评价指标体系初探——中小学校长的视角 [J]. 中国电化教育，2009(2): 25-29.

③　张立国，周釜宇，梁凯华，康晓宇 . 面向教育新基建的中小学校长信息化领导力评价量表设计 [J]. 中国远程教育，2023(3): 64-72.

息化标准的具体化。系统分析国内外基础教育信息化水平评价关键指标，对于建构育人本位的中小学教育信息化水平评价指标体系具有较大参考价值。

一 │ 国外中小学教育信息化水平评价指标

联合国教科文组织于 2002 年在菲律宾制定了亚太地区教育信息化评价指标体系 ①，该指标体系分为技术结构及其使用、基于信息技术的政策与策略、教学及教学支持人员、信息技术课程、学习过程及成果等五大方面。其中，信息技术支持的交流与合作成效，以及学生思维发展，是该评价指标体系的亮点。如表 2-2 所示。

表 2-2 亚太地区教育信息化评价指标

阶段	评价指标
起步阶段	信息技术设施建设 国家政策 计划与拨款 教育技术政策
应用阶段	信息技术可达性 学生、教师和计算机比例 网络连接情况 师生信息技术使用情况
融合阶段	信息技术教学应用成效 信息技术支持的交流与合作成效 网络资源使用成效
变革阶段	信息技术支持的 E-learning 远程交流与合作 教师职业发展 信息技术支持的学生思维发展

2005 年，世界银行在发展中国家中开展了一项研究，从 ICT 对学生学习和成就的影响、监测和评价、教育公平、教育投入、当前规划和实践、具体 ICT 工具、教师教学与 ICT、内容与课程、教育政策和学校层面的观点等十个方面评价 ICT 在教育中的应用情况，可归纳为影响、投入、运用情况和规划四个主题。其核心指标见表 2-3。

---

① ICTineducationintheAsia-pacificregion: progressandplans[R]. Bangkok: UNECOBangkok, 2007.

表 2-3 《ICT 核心指标报告 2010》之教育 ICT 核心指标

编号	指标
ED1	拥有教育用收音机的学校比例
ED2	拥有教育用电视机的学校比例
ED3	拥有电话通信设备的学校比例
ED4	提供计算机辅助教学学校中学生数与计算机数之比
ED5	拥有不同类别互联网接入的学校比例
ED6	学校中接入互联网的学生比例
ED7	ICT 相关领域高等教育机构中录取的学生比例
ED8	具有 ICT 资格的教师比例
EDR1	享有供电的学校比例

欧洲的 Eurydice 教育信息化评估指标比较全面，反映了信息技术在教育中应用的各个方面，具体的评估指标有：生机比及网络连接的生机比、课堂上 ICT 使用情况、硬件设置及维护情况、ICT 在课堂教学中的目标、预算分布情况（比如在硬件设置与人员培训方面的配比）、不适用技术的理由、信息技术专家教师情况、ICT 与课程整合的情况、教师培训中的 ICT 使用情况、在课堂上使用计算机及互联网的比例、教师每周在课堂上使用计算机的平均时间、教师参加正式的信息技术整合教学培训的比率。

2010 年，欧洲委员会教育视听文化执行署（The Education, Audiovisual and Culture Executive Agency，EACEA）对欧洲中小学 ICT 应用监控指标的研究报告指出，尽管 ICT 的教育潜力在过去二十年被很多教育工作者认可，但各国以及国际调查的证据显示，ICT 的应用仍没有引发大规模的教育变革，而开发能够比较与监控各国 ICT 教育应用与影响的机制与工具将有力推进这一变革。为此，欧洲委员会教育视听文化执行署组织开展了国际监控指标研究，并定义出适合国际层面监控 ICT 教育应用以及教育决策最需要的维度与指标：学生学习 ICT 和使用 ICT 的机会、学生在 ICT 方面的能力与态度、应用 ICT 的教育教学法方面的支持、教师 ICT 应用能力的培训、学校应用 ICT 的领导能力。

2008 年，英国教育部发布《学校中的 ICT》，学校 ICT 评估指标体系包括管理和规划、ICT 和课程、教师的专业发展、学校的 ICT 文化、ICT 资源和基础设施五个一级指标，每个一级指标下设多个二级指标，每个二级指标又分初、中、高三层水平。如表 2-4 所示。学校根据指标体系对本校实际状况进行准确定位并制订相关发展规划。

表 2-4 英国学校 ICT 指标框架

一级指标	二级指标
管理和规划	ICT 规划制定情况
	ICT 规划制定成员
	ICT 统筹情况
	ICT 实施情况
	ICT 的评价情况
	ICT 的使用范围
	ICT 政策的制定情况
	互联网使用政策
ICT 和课程	ICT 应用于课程的情况
	教师和学生使用软件支持教学活动情况
	教师和学生使用 ICT 情况
	使用 ICT 进行协作学习情况
	ICT 应用于问题解决情况
教师的专业发展	教师的基本技能培训
	教师的技能
	教师的共享意识
	教师应用 ICT 情况
	教师参加 ICT 支持小组会议
学校 ICT 文化	学校环境提倡使用 ICT
	教师接触 ICT 的时间
	使用计算机进行课堂展示
	学校网站
	学校涉及 ICT 规划情况
	ICT 文化
ICT 资源和基础设施	计算机分布
	计算机联网
	技术支持

续表

一级指标	二级指标
ICT 资源和基础设施	学校计算机联网方式和数量
	软件和互联网资源获得情况
	其他硬件设备拥有和使用情况
	设备维护情况

二　国内中小学教育信息化水平评价指标

2001 年，信息产业部（工业和信息化部）会同有关部委共同研究提出了《国家信息化指标构成方案》。国家信息化指标构成方案由以下 20 项指标组成：每千人广播电视播出时间、人均带宽拥有量、人均电话通话次数、长途光缆长度、微波占有信道数、卫星站点数、每百人拥有电话主线数、每千人有线电视台数、每百万人互联网用户数、每千人拥有计算机数、每百户拥有电视机数、网络资源数据库总容量、电子商务交易额、企业信息技术类固定投资占同期固定资产投资的比重、信息产业增加值占 GDP 比重、信息产业对 GDP 增长的直接贡献率、信息产业研究与开发经费支出占全国研究与开发经费支出总额的比重、信息产业基础设施建设投资占全部基础设施建设投资比重、每千人中大学毕业生比重、信息指数等。2005 年，由中央电化教育馆和中国教育技术协会完成了"中小学教育信息化建设与应用状况的调查"课题研究，研制了基础教育信息化评价指标体系，包括设施、资源、素养、管理、应用五个一级指标。2013 年全国教育事业统计新增了"接入互联网""接入互联网方式""教学用平板电脑""网络多媒体教室"等教育信息化统计指标，修订了"校园网""接入互联网出口带宽""计算机数""教学用计算机"等指标。

地方层面，部分省市出台了区域教育信息化评价指标，如上海市教委于 2009 年起草完成《上海市 2010 年教育现代化指标体系及说明》，明确提出对"教育信息化水平"指标的考量，具体包括中小学生机比、中小学校园网连通率、信息技术在教育教学中的使用水平等；2008 年广东省教育厅发布《广东省高等学校"十一五"信息化建设参考标准》，从信息化建设机制与管理体制、基础设施状况、网络基本应用状况、信息化应用四维度描述信息化建设标准。

　　除国家或地方政府主导研发的教育信息化评价指标体系之外，国内有众多学者关注了教育信息化评价指标体系的研究。王静、李葆萍（2003）认为，信息技术与课程的整合就是期望通过信息技术的介入，能够有效地改进现有的课堂教学；通过发挥计算机网络资源丰富、交互便捷的特点，发掘学生最大的学习潜能，最大限度地提高教育质量。因此，信息技术使用的形式和效能是评价信息技术使用的主要指标。① 闫慧（2004）设计了由教育信息化基础设施指数、教育信息资源指数、教育网络建设指数、教育信息化主体水平指数和教育信息化消费水平指数构成的教育信息化测度指标体系。② 丁金龙、谭春辉（2005）结合教育信息化的内涵和指标体系的设计原则，依据教育信息化水平测评指标体系，推算反映出教育信息化水平的指数。③ 刘军跃（2005）提出了一套基于模糊综合评判模型的高校信息化评价指标体系，并以实例进行应用分析。④ 潘峰（2008）从区域教育信息化的理论出发，构建区域教育信息化评价指标体系和基于层次分析法的评价模型，并以天津市和沈阳市这两个区域作为评价对象，进行全面、综合的分析评价。⑤ 王欣欣等（2013）建立包括基础设施、信息资源、人才队伍、系统应用和综合管理五个层面的数字化校园评价指标体系。⑥ 李文光（2014）构建了深圳市基础教育信息化建设与应用评价指标体系，主要包括教育信息化建设基本情况、信息技术与教学深度融合程度、促进优质资源共建共享、促进教师的培养和发

　　① 王静, 李葆萍. 信息技术与学科教学整合的课堂教学评价指标体系的建立 [J]. 中国电化教育 , 2003(8): 25-28.
　　② 闫慧. 教育信息化测度指标体系的设计 [J]. 情报杂志 , 2004(7): 70-71+74.
　　③ 刘军跃, 徐刚, 黄伟九. 高等教育信息化评价指标体系探讨 [J]. 高教探索 , 2004(3): 47-49.
　　④ 丁金龙, 谭春辉. 教育信息化水平测评方法研究 [J]. 湖南工程学院学报 (社会科学版), 2005(1): 89-91.
　　⑤ 潘峰. 基于 AHP 方法的区域教育信息化水平评价 [J]. 沈阳大学学报 , 2008(3): 89-91.
　　⑥ 王欣欣, 闫德勤, 胡卫星. 数字化校园评价指标体系的构建研究 [J]. 中国教育信息化 , 2013(7): 67-69.

展、促进学生的培养和发展、政策指引和机制的促进作用六个维度。[①] 安素平（2014）提出，基础教育信息化绩效评估需要关注使用的时间、功能、效果和效益四个维度。从时间维度上来说，考察信息化设备的绩效，需要关注设备的使用次数、每次使用时间及累计时间、使用的班级、学科课程等，还要增加对教师在课堂教学上是否使用原创的教案、案例、试题等进行深度考核；从功能的维度上，考察信息化设备的绩效既要对设备常用功能的使用进行考核，还要考察设备拓展功能的使用情况；从效果的维度上，对信息化设备的使用评估，需要考察使用后学生的成绩是否提高，或是学生的综合能力是否发展，既要看到封闭效果，还要考虑到开放效果，比如考查学生的批判性思维、创新性思维能力有没有得到发展等，而且往往后者更重要；从效益的维度上，需要考核经济效益和社会效益两方面，更加需要关注的是社会效益。[②] 杨亮星、秦泗海（2015）等从信息化环境、组织管理、信息化资源、信息化应用、信息化素养、信息化人才六个一级指标，采用问卷调查的方法对影响宁夏基础教育信息化的主要因素进行了调查。[③] 荼洪旺、左鹏飞（2016）梳理国内外学者对信息化水平测度方法的研究文献后发现，其共同点是从静态视角测度评价信息化水平，对持续动态发展的信息化过程缺乏解释力；他们在积极借鉴前人研究成果的基础上，立足于中国国情，提出从不同侧面综合反映区域信息化水平的 4 大要素、13 项指标的动态多指标评价体系，来分析各省（市、区）不同时期信息化水平，并通过空间计量软件 GeoDa 揭示中国区域信息化的变化趋势。[④] 邱相彬（2023）研究建构了"基础＋重点＋特色"的三维评估指标体系，包含三个一级维度：基础性指标、重点性指标和特色性指标。基础性指标包括基础设施、教学信息化应用、教研信息化

① 李文光等.深圳市基础教育信息化建设与应用评价指标体系的探索 [J].中国电化教育 , 2014(1): 40-44.

② 安素平 . 基础教育信息化绩效评估体系的构建 [J]. 河北师范大学学报 (教育科学版), 2014(6): 69-72.

③ 杨亮星 , 秦泗海 , 王国强等 . 基础教育信息化绩效评估实证研究 [J]. 现代中小学教育 , 2015(12): 111-115.

④ 荼洪旺 , 左鹏飞 . 中国区域信息化发展水平研究——基于动态多指标评价体系实证分析 [J]. 财经科学 , 2016(9): 53-63.

应用、管理与服务信息化应用、信息化保障 5 个二级指标；重点性指标包括顶层规划、教育数字化改革、数字教育资源建设、师生信息素养提升、数字教育新基建、网络安全体系；特色性指标包括基于教育信息化典型项目和实践成效，体现各地立足区域实际、开展面向未来的实践与探索成效。[①]

第四节　中小学教育信息化水平评价发展特点与趋势

随着教育信息化的深入实践和快速发展，基础教育信息化水平评价研究日益成为理论关注的焦点，联合国教科文组 ICT 教育应用的绩效指标项目、美国 StaR 评估量表、英国学校信息化自我评估框架等评价体系有效促进了基础教育信息化的快速发展，拓展了我国基础教育信息化水平评价的国际视野。我国基础教育信息化水平评价的研究与探索，为建构适合中国基础教育发展的评价体系提供了理论依据和实践验证。总的来说，我国基础教育信息化水平评价发展整体呈现"从理论到实证，关注教育与技术融合"的特点。

一　中小学教育信息化水平评价的发展特点

当前基础教育信息化水平评价理论研究的成果较丰富，但实证研究不足。虽然国内外基础教育信息化水平评价理论研究成果较多，涉及教育信息化评价理论、技术、方法等各方面，但基础教育信息化水平评价实证研究成果较少，基于评价结果的教育信息化改进策略与方法也较少。

从评价内容上看，主要呈现以下特点：一是信息化基础设施和师生信息素养是评价重点。信息化基础设施是信息化教育的基石，基础设施环境在教育信息化发展初期尤为重要。基础设施评价主要包括信息化教学装备、互联网接入情况、信息化资源建设情况等方面。在基础设施的建设趋于成熟之后，对基础教育信息化评价的侧重点逐步转移到师生信息素养及教育信息化的应用上来，主要包括教师和学生对信息化设备的使用情况、信息化对师生

---

① 邱相彬，李芮，单诚，童兆平．区域基础教育信息化发展评价指标体系设计与应用研究 [J].湖州师范学院学报，2023(6): 110-116.

行为的影响、学生信息化思维发展以及数字教育资源的质量保障机制等内容。二是学校信息化应用水平评价、指标构建与测评。这方面内容大多集中在对学校教育信息化应用水平的评价，例如美国联邦教育部组织的"信息化校园计划（CCP）"，通过定量和定性研究相结合的方法，每年定期发布学校信息技术的发展和应用方面的报告；探讨教育信息化评价指标构建的依据、原则以及方法，构建教育信息化水平测评模型，提出有关系数或指数，并通过硬评价和软评价两种方法来确定教育信息化发展水平等。

从区域发展视角来看，其评价特点主要表现为基础教育信息化水平评价体系大多以符合学校发展战略为主，较少从区域发展水平比较层面来考虑。区域经济社会发展水平和教育资源配置情况会影响学校信息化基础设施、数字教育资源以及师资队伍水平。考虑区域内网络覆盖情况、电脑设备配备、教师信息化教育培训、教师信息化应用能力等指标，能够更客观地反映区域基础教育信息化整体水平。同时，信息化水平不仅是硬件和软件设施的建设，更重要的是如何利用信息化设施提升教育质量，改进学生学习表现。评价体系应考虑区域内学校的教学质量评估结果、学生信息化素养水平等指标，以评估信息化对育人方式转变的实际影响。另外，不同地区的教育信息化政策和支持程度对学校信息化水平的发展也有重要影响。因此，考虑区域内政府对基础教育信息化的政策支持力度、育人本位的信息化建设理念和信息化资金投入方向等指标，构建区域基础教育信息化水平评价体系并开展常态化评价工作，有助于为教育管理者和决策者提供更有针对性的决策参考，从而更好地推动基础教育信息化水平的提升，促进教育公平和质量的全面发展。

从实践层面上看，目前我国基础教育还未形成较成熟的信息化水平评价体系，部分学校也刚开始对本校信息化水平进行评价的探索，区域层面的评价实践也就更少，因此很难开展这方面的实证研究。基于这种现状，本书研究主要立足于中小学校信息化水平的评价。

二 当前中小学教育信息化水平评价存在的问题

我国基础教育信息化水平评价近几年虽然发展较快，但在发展过程中也存在以下问题。

一是评价体系构建与实证研究的不足。当前基础教育信息化评价围绕教育信息化发展规划、信息技术与教育教学融合、师生信息素养提升、数字教育资源开发共享以及信息安全与伦理道德等重点内容，理论层面的研究成果较为丰富。相较而言，中小学教育信息化水平评价的实证研究却很少。为促进信息技术与教育教学深度融合，不同地区在以教育信息化促进教育现代化上开展了大量实践探索，取得众多创新性的实践成果，但信息技术服务师生个性化发展的成效如何，区域教育信息化发展差异如何，缺乏实证研究的支持。这可能导致评价体系的有效性和科学性受到限制，从而影响教育信息化评价结果的准确性。

二是缺乏用科学的理论方法对评价指标体系进行构建与迭代升级。我国基础教育信息化在政策支持下快速发展，但中小学教育信息化评价体系的理论基础较为单一、薄弱，指导中小学教育信息化评价的理论体系尚不完善，亟待通过理论创新进一步丰富和发展中小学教育信息化评价理论体系。例如，从人工智能、教育信息化、教育评价和创新教育理论的角度，需系统梳理中小学教育信息化评价的先进经验和创新做法，构建育人本位的中小学教育信息化评价理论框架，进一步丰富和发展中小学教育信息化评价理论内涵，以更好地服务于新时代育人目标的实现。

三是评价结果应用不足。评价结果的应用不足可能导致基础教育信息化评价无法发挥应有的作用，如无法为教育信息化发展规划提供有力支持、无法激发教育信息化发展的内在动力等。因此，中小学教育信息化需要对评价结果进行利用与追踪，并通过实证研究验证其科学性和有效性，通过信息化水平评价引导各类教育主体的行为转变，不断增进基础教育信息化对教育教学的贡献，从而解决基础教育信息化发展过程中面临的突出问题。

三　中小学教育信息化评价趋势：构建育人本位的评价体系

结合当前基础教育评价体系的发展现状，从理论与实践应用角度，以促进教育信息化高质量赋能教育为目的，构建育人本位的评价体系已成为基础教育信息化评价的发展趋势。这一趋势强调关注学生全面发展、教育公平与质量、教育信息化与教育教学融合等多方面因素，确保评价结果的科学性、有效性和准确性。政策支持和技术手段将为构建育人本位的评价体系提供有力保障，同时多元化的评价主体将有助于提高评价的开放性和准确性。通过构建以学生发展为核心的基础教育评价体系，评价结果能够为教育信息化发展规划提供有力支持，激发教育信息化发展的内在动力，并引导各类教育主体进行行为转变，以提高教育信息化对教育教学的贡献率。构建育人本位的基础教育信息化评价体系，主要体现在以下几个方面。

一是从注重硬件设施转向关注教育质量。过去，基础教育信息化的评价重点在于硬件设施的建设和投入，如校园网、计算机设备等。随着教育信息化的发展，人们逐渐认识到，仅仅关注硬件设施是远远不够的，更需要关注教育质量的提升，如信息化教学的应用、师生的信息素养等。因此，构建育人本位的评价体系，应将关注点从硬件设施转向教育质量，更加关注信息化在提高教育质量方面的实际效果。

二是从单一评价指标转向多维度综合评价。传统的基础教育信息化水平评价指标较为单一，通常仅关注信息化设施、教学资源、技术支持等方面。而育人本位的评价体系则强调多维度综合评价，包括信息化教学与传统教学的融合程度、师生信息素养、校园信息化文化等方面。通过多维度评价，可以更全面地反映基础教育信息化的实际成效，有助于推动教育信息化在提高教育质量方面的深入发展。

三是从短期评价转向长期跟踪评价。过去的基础教育信息化评价往往侧重于短期效果，如一次性的项目验收、年度评估等。这种评价方式难以全面了解教育信息化对教育质量的长期影响。因此，构建育人本位的评价体系，需要从短期评价转向长期跟踪评价，对基础教育信息化的成效进行动态监测，以便更好地了解教育信息化在提高教育质量方面的长期效果。

四是从行政评价转向专业评价。现阶段，许多地区的教育信息化评价仍以行政评价为主，这种方式容易受到主观因素的影响，评价结果可能不够客观公正。构建育人本位的评价体系，需要引入专业评价机制，如教育专家、第三方评估机构等，使评价过程更加专业、客观和公正。同时，加强评价过程中的公众参与，提高评价的透明度，以确保评价结果的真实可靠性。

五是从结果评价转向过程与结果并重。传统的基础教育信息化评价注重评价教育信息化项目的成果，而忽视了项目实施的过程。育人本位的评价体系则强调过程与结果并重，既要关注教育信息化项目取得的实际成果，也要关注项目实施过程中的问题与改进。通过强调过程与结果并重，可以更好地推动教育信息化项目的健康发展，提高教育质量。

此外，当前基础教育信息化评价体系大多以符合学校发展战略为主，较少从区域发展水平比较层面来考虑。这限制了评价结果在区域间的可比性，以及对教育信息化在不同区域发展状况的深入了解。同时，这也可能导致评价结果无法准确反映教育信息化对教育效率和师生发展的真实贡献率。因此需要通过指标和权重上的设置抽象掉技术上的区域差异，实现基础教育信息化水平评价的区域可比较性，同时不排斥新技术的应用，而是把新技术的应用引向有利于育人质量提高的方向，客观评价区域基础教育信息化水平、引导区域基础教育信息化发展方向；构建教育信息化与学生发展之间的关系模型，通过持续深化的实证研究不断优化指标体系，把信息化水平评价统一到教育综合评价改革的总体目标上来。

第三章

中小学教育信息化水平评价理论建构

　　教育信息化理论、评价学理论、教育评价理论、创新教育理论的丰富和发展，以及理论成果在中小学教育教学实践中的应用、验证与反思总结，为育人本位的中小学教育信息化水平评价体系建构奠定了坚实的理论基础。

第一节　当前中小学教育信息化水平评价的理论基础

　　教育信息化评价是根据一定的价值标准，在系统、科学和全面搜集、整理和分析教育信息化数据的基础上，对教育信息化的价值做出判断的过程，目的在于提高教育教学质量，加快教育现代化进程，更好地培养符合时代需要的创新人才或创造性劳动者。

一　教育信息化理论

　　教育信息化是指在教育教学中运用信息技术系统地提升和变革教育的过程。新中国电化教育的开拓者与奠基人南国农先生指出："所谓教育信息化，是指在教育中普遍运用现代信息技术，开发教育资源，优化教育过程，以培养和提高学生的信息素养，促进教育现代化的过程。"[①]祝智庭教授指出，教育信息化是指在教育领域全面深入地运用现代化信息技术来促进教育改革和教育发展的过程，其结果必然是形成一种全新的教育形态——信息化教

---

　　① 南国农.教育信息化建设的几个理论和实际问题（上）[J].电化教育研究,2002(11):3-6.

育。① 经济合作与发展组织（OECD）教育与技能司司长、"PISA 之父"安德烈亚斯·施莱歇尔（Andreas Schleicher）认为，当蒸汽机引发的工业革命使得大规模机械化生产成为人类的生产方式时，工作坊学徒制的人才培养模式渐渐被以培养胜任程序性工作的技术人才为使命的标准化学校教育替代，现在到了智能时代，当那些常规性、程序性"可编码"的重复工作被机器所取代时，我们要思考智能时代如何"人有人用、机有机用"。显然，我们不再需要那些执行常规生产程序的重复脑力或体力劳动者，而是需要生产过程的操控者、监督者、管理者甚至设计者、开发者，这一切都需要创新型人才。因此，需要创建一个更创新、更友好的教育系统，以学生和教师为中心，发挥技术的潜力，促进教师、学生与技术的共同协作，提升人才培养的效率、质量与效益。

我国教育信息化进入教育信息化 2.0 时代。2018 年 4 月《教育信息化 2.0 行动计划》的发布，2019 年 2 月《中国教育现代化 2035》的推出，以及 2022 年 4 月《新时代基础教育强师计划》的实施，明确了教育信息化是教育系统性变革的内源性动量，是教育现代化的核心驱动力，提出了信息技术与教育教学深度融合创新发展的新理念，为基础教育教学方式变革指明了方向。

伴随"互联网 +"、虚拟现实 / 增强现实（VR/AR）、大数据、云计算、5G 和人工智能等新一代信息技术的飞速发展，个体的知识学习速度远远落后于知识的更新速度，向学生灌输知识的课堂已被证明不是好课堂，学生不再是知识的被动接受者，而是知识的主动建构者、创造者。利用信息技术推动学习方式和教学方式的变革，利用信息技术发展学生超越变化的学习力、创新力等核心素养，是教育信息化理论关注的核心内容。在虚拟网络空间与现实物理空间高度结合的学习空间掌握信息技术，准确翔实记录、可视化传输学生的思考过程、思考结果，并有效服务学生创新、合作、沟通等核心素养的发展，成为信息化教学的基本特征。学生在复杂情境中学习、思考是素养生成的前提，人工智能在搭建复杂情境上具有巨大的优势，它将在创设吸引学生融入的物理情境、建构学生自主参与的社会情境、激发个体心智运作

---

① 祝智庭 . 现代教育技术——走向信息化教育 [M]. 北京：教育科学出版社，2002.

的内部情境上整合协调发挥作用，从而形塑人工智能助力素养生成的逻辑理路。①可见，在人工智能背景下，信息技术成为教学必备的手段，教育信息化将为学生核心素养的发展提供有力支持——更关注细节、更关注质量、更关注每个孩子的个性化成长。

应对智能时代社会结构和经济结构的变化，在信息化教学环境下培养学生创新思维、创造性地发现与解决问题的能力成为人才培养的首要目标。《新时代基础教育强师计划》明确要求推进教师队伍建设信息化，要求深入实施人工智能助推教师队伍建设试点行动，探索人工智能助推教师管理优化、教师教育改革、教育教学方法创新、教育精准帮扶的新路径和新模式。中小学教师要思考如何利用信息技术来辅助教育教学，让学生成长过程中那些原本沉睡的数据生命化，让因材施教、个性化发展成为可能；利用教育技术培养学生的思维和能力，基于学习大数据精确把握学习者兴趣、动机和学习习惯，引导和培养学生自主、合作、探究学习能力；基于信息化的合作教学、研究性学习等新型教学方式，培养学生发散思维、辩证思维、合作精神和创新素养。学生要在教师的引导下融入有技术工具参与的教学情境中，借助信息技术更好掌握知识背后的学科思想、方法和逻辑，培养跨学科的思维能力，能够从信息的来源、价值、时效性等方面有效鉴别和评价信息，通过分析、甄别，筛选出自己个性化学习所需要的信息，基于复杂多样的信息资源帮助自己发现问题和解决问题，从而实现个性化学习。

二 评价学理论

评价是一个系统，首先要做的应该是选择评价目标、评价标准。真正要达到评价过程、评价结果的科学、客观和公正，就要先明确为什么进行评价、评价什么和怎样评价等问题，而这必然要求有一套科学、完善的理论体系作为评价活动的理论基础和依据。②评价学理论是由多学科理论共同构成

---

① 王振华,于泽元.人工智能助力素养生成:内在逻辑与实现路径[J].电化教育研究,2023(7):37-43.

② 邱均平.大学评价与科研评价（国际学术研讨会论文集）[M].北京:华夏出版社,2005.

的一个理论集合体。其理论基础主要是哲学中的价值论和认识论；劳动价值理论；文献计量学、科学计量学、知识计量学和经济计量学理论；比较理论与分类理论；信息论与系统论；科学管理与科学决策理论；信息管理科学理论；数学与统计学理论等。理论体系来源主要是哲学领域的评价理论、经济学领域的评价理论、信息管理科学领域的评价理论、科技管理领域的评价理论和管理学领域的评价理论。由此形成了评价学基于学科的理论体系、基于过程的理论体系和基于应用的理论体系。[①] 现就与本书相关的基于过程的评价理论体系和基于应用的评价理论体系进行简述。

（一）基于过程的评价理论体系

基于过程的评价理论体系强调对学习过程的全面了解和评价，而不仅仅关注学习成果或结果。这种评价理论体系认为，学习是一个动态的、持续的过程，评价应该在整个学习过程中进行，以促进学习者的发展和成长。一是关注学习过程。基于过程的评价理论将重点放在学习过程上，认为学习是一个动态的过程，包括认知、情感、行为等多个方面的变化和发展。因此，评价不仅仅关注学习者最终的学习成果，更注重学习者在学习过程中的表现和发展。二是反馈和调整。基于过程的评价强调及时的反馈和调整。评价的目的不仅在于记录学习者的表现，还在于为学习者提供及时的反馈，帮助他们发现问题、改进方法，并调整学习策略，以促进学习的持续进步。三是多维度评价。基于过程的评价理论认为，学习是多维度的，评价也应该是多维度的。除了关注学习成果，还应该评价学习过程中的各种因素，如学习策略的使用、问题解决能力、思维能力、合作能力等。四是自我评价和同伴评价。基于过程的评价理论不仅是教师对学习者进行评价，还鼓励学习者进行自我评价，并通过同伴评价促进学习者之间的互动和合作。这种多维度评价的方式有助于学习者更全面地了解自己的学习情况，并从他人的反馈中获得新的见解和启发。四是发展取向。基于过程的评价理论是发展取向的，即评价的目的在于促进学习者的发展和成长。评价不仅是为了给学习者打分或排

---

① 邱均平，文庭孝. 评价学 [M]. 北京：科学出版社，2010.

名，更重要的是帮助他们发现问题、改进方法，促进学习能力和素质的全面发展。

（二）基于应用的评价理论体系

基于应用的评价理论体系强调评价应该与实际应用密切相关，评价结果应该对实际决策和改进产生积极的影响。一是关注实践问题。基于应用的评价理论体系将注意力集中在解决实践中的教育问题上。它强调评价的目的是为了提供解决方案、改进教学和学习的实用建议，而不仅仅是为了记录学习成果或评估学生表现。二是利益相关者的参与。这种评价理论体系鼓励利益相关者的积极参与，包括教师、学生、家长、管理者等。他们的观点和反馈对评价过程和结果都应该具有重要影响，可确保评价的准确性和实用性。三是采用实证研究方法。基于应用的评价理论体系通常采用实证研究方法，以收集和分析数据来支持评价的结论和建议。这些数据可能包括学生的成绩、教学方法的效果、教师的反馈等，以及与教育实践相关的其他因素。四是持续的改进和反馈循环。基于应用的评价理论体系强调持续的改进和反馈循环，评价结果应该被用来指导教学和学习的改进，并且评价过程本身也应该是持续的，以确保评价的实用性和有效性。五是关注政策和实践的联系。这种评价理论体系关注评价与教育政策和实践的联系。评价结果应该对决策和教育政策的制定产生积极影响，促进教育系统的发展和改进。六是多元化评价方法。基于应用的评价理论体系倡导采用多元化的评价方法，以确保评价的全面性和准确性。这可能包括定量数据的收集与分析、定性研究方法、问卷调查、访谈等。

三 教育评价理论

教育评价（Educational Evaluation）根据一定的教育价值观或教育目标，运用可行的科学手段，通过系统地搜集信息资料和分析整理，对教育活动、教育过程和教育结果进行价值判断，从而不断自我完善和为教育决策提供依据和过程。[①] 这个过程以教育目标或一定的教育价值为依据，始终以对评价

---

① 陶西平主编 . 教育评价辞典 [M].北京：北京师范大学出版社，1998.

对象的功能状态给予价值判断为核心，并以科学的评价方法技术为手段。教育评价不仅关注预期的教育目标，还可能涉及教育领域中的各种相关的人、事、物、制度、观念等，包括人们在教育活动或教育事业发展中进行的各种正式与非正式的评价活动。有观点认为，中国传统的考试制度（例如科举制）可能是最先出现的教育评价活动。① 随着教育评价的发展，教育评价方面涌现出了许多理论派别。

（一）行为目标理论派

行为目标理论派以美国教育心理学家泰勒为代表。1933—1940 年由泰勒主持的"八年研究"评价实验确立了现代教育评价的理论和方法。"八年研究"就教育评价实验提出的《史密斯－泰勒报告》，被人们称为"划时代的教育评价宣言"。在这个报告里，泰勒首次阐明了教育评价的指导思想，设计教育评价的原理和教育评价的目的，② 他认为教育评价是衡量实际教育活动达到教育目标的程度，并提出五个观点：教育是使人的行动方式发生变化并得到改善的过程；各种行动方式的变化都是教育的目标；教育计划要以教育目标实际完成的水平加以评价；人的行为是复杂的，既不能用个别的名词概念来说明，也不能用单纯的测验来判断，应当从多方面综合评价；评价工作不能单靠纸和笔，还应当采用观察、谈话等多种方法。泰勒的教育评估理论又被称为"泰勒模式"或"行为目标模式"，即教育评价是一个以目标为中心的模式，预定的目标决定了教育活动，同时也规定着判断实际教育活动达到或偏离目标的程度，从而通过信息的反馈来促进实际工作，使之能够尽量地靠近目标。

（二）决策中心理论派

决策中心理论派以美国斯塔弗尔比姆为代表。20 世纪 60 年代，克隆巴赫提出"评价是为决策提供信息的过程"，他反对仅以目标为教育评价的出

---

① 陈琦，刘秉德. 当代教育心理学 [M]. 北京：北京师范大学出版社, 1999.
② 陶西平主编. 教育评价辞典 [M]. 北京：北京师范大学出版社, 1998.

发点和最终归宿，认为这有悖于教育评估的初衷，并将教育评价界定为"为作出关于教育方案的决策，收集和使用信息"。评价并不是只调查某一教育过程有效还是无效，而是要确定教育过程需要改进的方面。评价的重点应该放在教育过程之中，对教育决策给予必要的改进，而不是只关心教育过程结束之后目标到达的程度。斯塔弗尔比姆（1966）认为，教育评价应当有助于更好地执行和改进教育方案，而不应只局限于确定目标是否达到。他将评价定义为"为决策提供有用信息的过程"，强调评价最重要的意图不在于证明，而在于通过收集、组织、分析和报告有用的信息来改进方案，帮助决策者作出正确决策并使其更具功效。他提出"CIPP 评价模式"，即评价应当由教育活动的背景评价（Context）、信息输入评价（Input）、活动过程评价（Process）和成果评价（Product）四部分组成，以此对教育活动给予综合评价。因为评价的目的在于为教育决策提供信息，故每一种评价类型对应于一种决策类型，即背景评价为预期结果的评价提供信息，输入评价为预期方法的决策提供信息，过程评价为补救方法的决策提供信息，结果评价为最终目标的决策提供信息。

（三）目标游离理论派

目标游离理论派也称"自由目的"理论派。美国教育家和心理学家斯克里文 1967 年对泰勒的目标导向模式进行了批判，并提出了一种具有更大客观性的"目标游离模式（goal free model）"。他认为，实际进行的教育活动，除预期效果之外，还会产生各种非预期的效果，或叫副效果，这种副效果的影响有时是很大的。为了能全面地评价教育活动的效果，他主张不把预定的评价目的告诉评价者，以利于评价者搜集全部有关方案和计划的信息，对教育活动作出全面评价。美国教育家和心理学家斯托克（Robert Stake）在1967 年对泰勒的目标导向模式进行了批判，他认为泰勒的目标导向模式强调设置明确的学习目标，并通过评价学生是否达到这些目标来衡量教育质量。这种评价过程过度依赖于事先设定的目标，会限制评价者的视野，可能忽略了学生在教育过程中所获得的其他重要成果和经验。因此斯托克提出一种具有更大客观性的评价方法，即"目标游离模式"。目标游离模式不强调事先设定的目标，而是更加关注评价过程中出现的各种学习成果和经验，这种评价方法更注重收集学生的行为、作品和反馈，而不是将其与预先设定的目标进行比较；目标游离模式试图保持评价过程的客观性，减少评价者的主观偏见，以便更全面地了解学生的学习情况。目标游离模式可通过观察学生在课堂上的行为和参与程度，收集学生的作品、项目或表演，并对其进行分析和评价，进行学生和教师之间的对话和反馈，以了解学生的学习经验和观点等多种实现方式。

（四）反对者模式

美国教育学家迈克尔·欧文斯（Michael Owens）和彼得·沃尔夫（Peter Wolf）共同提出了教育评价理论中的"反对者模式"（adversary model）概念。他们对传统的教育评价模式进行深刻的批判，认为传统评价模式忽视社会背景和权力关系，而且往往是一种统治者的工具，用来维护现有的社会秩序和不平等。他们认为，评价不应仅仅是对学生和教师的能力和表现的衡量，而应该考虑到教育实践的社会和政治背景，以及评价的目的和效果。反对者模式强调教育评价应该从边缘化的群体的视角出发，重点关注那些受到社会不公正对待和制度性压迫的人们的教育体验和成果。他们认为评价应该是一个民主和参与式的过程，应该包括所有利益相关者，尤其是那些受到教育体系不公正影响的人们。评价的目的不仅是为了衡量学习成果，更应该是为了揭示社会不公和权力关系，并促进社会变革和解放。因此评价的过程需要设计和实施更加包容和反思性的评价工具和方法；促进学生和教师的参与，使评价过程更加民主和公正；支持和发展教育评价中的社会正义和解放的理念。

（五）信息技术支持的教育评价

信息技术在教育领域中的应用推动了教育评价的深层次改革，但目前社会各界对信息技术支持的教育评价的内涵尚未做出明晰界定。刘邦奇等学者从对传统评价改革创新的视角出发，认为信息技术支持教育评价的本质是对传统教育评价的突破与创新，其实施的关键在于用新技术助力教育评价数据的采集、处理、分析和应用，实现教育评价的数据化、智能化，由此引发教育评价形态的变革。① Wiley 等学者从技术驱动教育变革的视角认识信息技术支持的教育评价，他们认为信息技术支持的教育评价能够更好地实现个性化评估，它允许学习过程中为学生提供量身定制的反馈和支持，这反过来又可以支持更好的学生表现和理解。② Irving 等学者从技术支持下教育评价的应然之举出发，他们认为信息技术已成为课程的重要组成部分，应该允许学生使用教育技术分析和评估自身的表现数据，进而丰富学生学习经验，并构建鼓励学生主动分析和评估数据的课堂教学模式。③ 杨雪等（2016）将基于大数据学习分析技术的个性化学习研究引入翻转课堂以及大规模在线开放课程（MOOC）建设服务范畴，有助于每个学习者都有最适宜的、与众不同的目标、方法和过程，能更好地支持个性化学习，以达到为学生提供个性化分析、预测、推送与服务的目的。④ 杨宗凯（2020）认为，人工智能（Artificial Intelligence，AI）驱动的大数据、区块链等技术集群发展，在对基础教育的教学环境、教学资源等要素产生变革性影响的同时，也为教育评价改革提供了技术支持。基础教育教学评价改革是时代需求、教育发展、技术进步等多方协同作用的重要诉求。⑤ 新时代基础教育评价应该以立德树人为导向，研发智能化教育测评系统，组建多元专业的评价主体，构建质量为本的评价标准，创建智能高效的评价模式，为教学主体提供全息、精准的评价结果，为构建人民满意的高质量基础教育体系提供支撑。⑥

———————————

① 刘邦奇,袁婷婷,纪玉超.智能技术赋能教育评价：内涵、总体框架与实践路径[J].中国电化教育,2021(8):16-24.

② Wiley J, Hastings P, BlaumD, etal. Different Approaches to Assessing the Quality of Explanations Following a Multiple-Document Inquiry Activity in Science[J]. International Journal of Artificial Intelligence in Education, 2017 (4) :758-790.

③ Irving KE, Bell RL. Double Visions: Educational Technology in Standards and Assessments for Science and Mathematics[J]. Journal of Science Education and Technology, 2004, 13(2): 255-256.

④ 杨雪,姜强,赵蔚.大数据学习分析支持个性化学习研究——技术回归教育本质[J].现代远距离教育,2016(4):71-78.

⑤ 杨宗凯.利用信息技术促进教育教学评价改革创新[J].人民教育,2020(21):30-32.

⑥ 张进良等.智能技术赋能基础教育评价改革的实然困境与路径选择[J].中国远程教育杂志,2023(2):18-27.

四 创新教育理论

新技术浪潮正在推动社会生产由供给标准化产品向个性化产品转型，即个性化需求导向的社会生产是生产方式变革的趋势。不难理解，个性化产品的生产需要耗费创造性劳动，因此未来社会普遍需要具备创新能力的劳动者。传统教育模式是培养人的劳动技能，但在 AI 时代工作效率大大提高，人们就需要考虑如何休闲以及如何让自己的闲暇时间有价值的问题，这就涉及如何培养孩子成为一个健康、生活有意义的人，而不仅仅是一个只会劳动的人。[①] 换言之，为党和国家培养德才兼备创新人才或创造性劳动者是当代和未来教育的基本任务。教育信息化无论发展到怎样的阶段，始终都要为这个育人目标服务。

创新教育是人类适应过程中的文化创造和生存艺术，是人类社会化的重要形式。人在改造自然世界和社会的过程中，不仅习得规则，更创造和发展了知识，以应对自然界和社会的变化。人工智能对人类社会的介入是社会发展和技术进步的必然趋势，但其内生的不确定性将使人类社会的生存环境越来越复杂，对知识和技能的要求自然也越来越高。作为对人工智能时代知识学习和创造挑战的积极响应，人不仅需要拥有更多的知识和技能，更需要拥有解决新问题的能力。因而，教育不仅要传授学生知识，更需要培养学生探索和思考的方法，让学生以更积极的形式进行社会化。[②] 生成式人工智能技术突破了人类客观知识的记忆广度与深度，学校教育将更加注重学生高阶思维能力的培养。

1912 年，美籍奥地利学者约瑟夫·熊彼特最早提出"创新"的概念。熊彼特认为，创新就是要"建立一种新的生产函数"，即"生产要素的重新组合"，就是要把一种从来没有的关于生产要素和生产条件的"新组合"引进生产体系中去，以实现对生产要素或生产条件的"新组合"。理查德·佛罗里达（Richard Florida）提出了创意阶层的概念，他将创意阶层定义为：新

---

① 赵勇. AI 时代的教育与评价 [J]. 中国考试, 2024(3): 1-7.
② 李建中. 人工智能时代的知识学习与创新教育的转向 [J]. 中国电化教育, 2019(4): 10-16.

经济条件下，经济发展对于创意的渴求，从而衍生出来的一个新的阶层。他指出，人类的创造力是最根本的经济资源。生产率的提升以及随之而来的生活质量的改善，归根结底来自人类开发新创意的能力，以及不断改进的生产和生活方式。如果说前一次社会转型是以一种类型的物质投入（原材料和体力劳动）代替另一种类型的物质投入（土地和人类劳动），那么，眼下的社会经济转型从根本上讲，是建立在人类智力、知识和创造力的基础之上的。[①]拉斯·特维德（Lars Tvede）强调，古往今来，众多帝国和文明的兴衰起伏，都与创新力息息相关；能够充分激发创新力，国家就会繁荣强大；如果阻碍创新力的产生，国家就会腐化灭亡。人类的创造力已经跃升为经济生活的决定性特征，成为推动时代发生巨变的主要驱动力。创新阶层在美国等发达国家已经占整个社会阶层的三分之一。[②]通俗地说，创新是社会伦理与法律框架下的利用和改变，它可以是产生新价值或新功能，也可以是带来新满足或低成本。换言之，创新需要厚重的知识积累，创新不能以危害他人和社会为代价。我国要实现中国式教育现代化，需要的不仅是少数所谓"拔尖"创新人才，也不仅是在科学技术领域需要创新的人才，而是各行各业都需要一大批创新人才，要尽快形成一个由创新人才组成的"创新阶层"。不得不说，创新无处不在，创新已成为一种生活方式。

创新者，是指能够孕育出新观念并能将其付诸实施，取得新成果的人。吉尔福德（Guilford，1950）提出创造性思维是个体创造性的核心，主要表现为发散性思维（包括流畅性、灵活性、精致性、独创性）。[③]托兰斯（Torrance，1990）将创造性思维细化为流畅度、灵活性、原创性、精细度四个范畴。[④]PISA 测评项目将创造性思维定义为：能够有效参与创意的产生、评估和改进的能力，且这种能力可以形成新颖而有效的实际解决方案，能够促进学生知识的学习，并产生丰富的想象力。该定义强调了一个事实，即学

---

① 理查德·佛罗里达. 创意阶层的崛起 [M]. 北京：中信出版社，2010.

② 拉斯·特维德. 创新力社会 [M]. 北京：中信出版社，2017.

③ 吉尔福德. 创造性才能：它们的性质、用途与培养 [M]. 北京：人民教育出版社，2006.

④ Torrance, E. P.Torrance Tests of Creative Thinking[M]. Benseville, IL: Scholastic Testing Service, 1990.

生在所有情况下，不同教育阶段中都需要学习如何有效参与实践并产生新的想法，以及如何反思或迭代自己的想法，直到获得一个令人满意的结果。从贡献或创造的价值的角度，吴松强（2010）指出，创新人才就是具有创新意识、创新精神，并能够通过相应的创新能力取得创新成果的人才。[①] 基于应该具备的必要素质，刘宝存（2003）认为，当代社会的创新人才，是立足于现实而又面向未来的创新人才，应具备以下素质：博专结合的充分的知识准备；以创新能力为特征的高度发达的智力和能力；以创新精神和创新意识为中心的自由发展的个性；积极的人生价值取向和崇高的献身精神；强健的体魄。[②] 胡卫平（2001）提出，青少年科学创造力结构模型包括创造性的过程、创造性的品质和创造性的产品三个维度。[③] 石中英（2006）指出，旨在培养青少年创造性的学校实践要关注学生的全面和谐发展，不能只开展一些直接的创造课程或类似的课外教育活动；要注意面向全体学生而不能只面向少数被认为有创造潜能的学生；要树立青少年创造性培养方面的文化自信心，弘扬中华民族优秀的创新传统；要用正确的价值观念来指导青少年的创造性培养工作，给青少年的创造性培养以灵魂，防止青少年创造性形成过程中的价值迷失。[④] 褚宏启强调，创新能力是一种综合能力，核心是创新性思维，创新性思维是人脑最高层次的机能，培养学生创新性思维是创新能力培养的中心任务。[⑤] 李建中（2019）指出，创新教育应当把学生的创造潜能还原到成长和生活的点点滴滴之中，培养其对社会变化的响应能力和效率，锻造其选择和组合知识的能力，激发其获取和传递知识的乐趣。[⑥] 方中雄（2022）认为，基础教育阶段不是创新才能充分呈现的阶段，不是实践中形成重大创新成果的阶段，"创新人才基础培养"关注的是创新人才必备的创新人格、创新思维培养和创新实践体验等基础内容，为开展创造性实践、成长为创新性

① 吴松强.创新人才培养的文献综述及理论阐释 [J]. 现代教育管理，2010(4): 68-70.
② 刘宝存.创新人才理念的国际比较 [J]. 比较教育研究，2003(5): 6-11.
③ 胡卫平.论科学创造力的结构 [J]. 教育科学研究，2001(4): 5-8.
④ 石中英.创新型人才培养的哲学思考 [J]. 国家教育行政学院学报，2006(4): 3-9.
⑤ 褚宏启，潘睿.中小学生创新精神与创新能力的培养——基于北京市 30 位知名校长访谈之上的思考 [J]. 中小学管理，2010(5): 7-9.
⑥ 李建中.人工智能时代的知识学习与创新教育的转向 [J]. 中国电化教育，2019(4): 10-16.

人才打好底子。[①] 郑泉水院士（2022）强调，爱迪生、爱因斯坦、毕加索、乔布斯、马斯克、贝索斯、巴菲特等均是世界顶尖的创新者。尽管他们从事的领域差异巨大，但在他们身上有一种内在相似性，那就是思维方式。对这些顶尖创新者而言，思维永远走在技术的前面。[②]

创新课堂是指以发展学生应对变化的学习与创新能力为目标的课堂。每个学科课堂都能基于本学科的知识与方法体系服务于学生学习与创新能力的发展。[③] 创新课堂在教学理念、教学目标、教学过程、教学方法、信息环境、课堂文化等维度表现出不同的特征，例如，教学理念是面向每位学生，实施个性化教学，激发学生创造力；教学目标是发展学生应对变化的学习与创新能力等关键能力；信息化环境强调以大数据、人工智能等新一代信息技术为代表、全面支持个性化教学；建立平等、互动、合作的新型师生关系，学生要在教师的引导支持下学会如何思考、创造价值与人际交流，而不再停留在知识记忆、理解、应用等低阶思维层面。对于创新课堂而言，技术最明显的效用是使学习更个性化、更细腻、更具适应性、更具互动性，在越来越多的新工具、新材料与新技巧的支持下，每位学生都有可能成为真正的创造者。

第二节 超越技术本位：育人本位评价理论的新探索

基于教育信息化概念的发展演变，辨析中小学教育信息化建设过程中的技术本位与育人本位的不同定义与观点，需进一步明晰育人本位的中小学教育信息化水平评价的内涵和特征。

一 技术本位的中小学教育信息化建设

教育信息化具有"技术"的属性，数字化、网络化以及智能化是其基

---

① 方中雄.创新人才基础培养的核心意旨与实现路径 [J].中国教育学刊，2022(2):22-27.

② 郑泉水，白峰杉.成为顶尖创新者，思维是决定性的 [J].教育家，2022(35): 10-12.

③ 石邦宏.创新教育普及的社会背景、理论依据和行动策略 [J].教育研究与实验，2019(4): 67-70.

本特征。数字化使信息技术更便捷、性能更可靠、标准更统一；网络化使得信息资源可共享、活动时空少限制、人际合作易实现；智能化使得系统能够做到教学行为人性化、人机通信自然化、繁杂任务代理化。技术从作为局外的、边缘的工具手段来辅助或改善教育活动，逐渐转变成作为重要的、关键的理念手段来支撑或改造教育活动。也就是说，在当前教育领域，技术通过被使用逐渐由服务者的角色转变为控制者的角色。人们从关注技术的工具性，逐渐表现出对技术的高度信任，以致出现了一些由于技术过度使用而产生的不良教育现象，使得教育表现出对技术"投降"的态势，出现了类似技术垄断的现象。[①] 在实践中，部分中小学校为了追求技术的新奇性，偏离教学目标和学生实际，盲目应用信息技术而忽略了教育的本质和目的，是技术本位在教育信息化建设过程中的典型表现。

技术本位的中小学教育信息化强调的是为了应用技术而应用，是将信息技术与育人本质本末倒置的一种教育信息化建设思维。南京师范大学吴康宁教授指出，从当前教育领域中技术应用的现状来看，技术"进入"教学的方式，大体经历了技术"塞入"教学、技术"加入"教学、技术"嵌入"教学、技术"融入"教学这四种状态。技术与教育的关系依次呈现技术点缀教育、技术辅助教育、技术支撑教育、技术控制教育的特点。他进一步指出，总体上看，信息技术是被强行"塞入"教学的；在较多的情况下，信息技术是被一般性地"加入"教学的；真正做到将信息技术"嵌入"教学的并不多；至于将信息技术"融入"教学，基本上还只是一种理想的期待。[②] 例如，重庆某中学在教室内启用了一套人工智能分析评估系统，该系统通过观测学生细微的表情变化，来判断学生对所学内容的理解程度。"专注度高的学生占比35%""思考学生占比29%""疑惑学生占比18%""不理解学生占比3%"，课堂两侧两个电脑屏幕滚动着由大数据实时分析出的学生学习效果图；浙江某中学的"智慧课堂行为管理系统"会每隔30秒进行一次扫描，针对学生们阅读、举手、书写、起立、听讲、趴桌子等6种行为，再结合高兴、伤

---

① 谢娟. 现代教育技术应用的伦理审视 [D]. 山东师范大学博士学位论文, 2013.

② 吴康宁. 信息技术"进入"教学的四种类型 [J]. 课程·教材·教法, 2012(2): 10-14.

心、愤怒、反感等表情识别，分析出学生们在课堂上的状态。[①]有人把这种现象称为"教育技术应用的形式化"，这是一种繁荣的假象，突出表现在使用教学媒体进行教学作秀、信息技术课的徒有虚名、教师信息技术素养培训的走马观花、信息技术与课程整合的"整"而不"合"、网络教育资源的"杂草丛生"等现象上，并把原因归结为"教育固有文化传统与现代教育技术催生的新的教育文化之间的冲突"。[②]人脸识别作为一项技术本身并没有问题，关键在于如何做到科学解读数据背后的教育信息，为改进教师课堂教学提供更精准的支持，从而帮助更多学生获得更丰富、更个性化的学习情感体验。在课堂上，学生的表情和行为表现具有复杂的影响因素，需要经过大数据的积累和严格的论证，科学分析每个学生数据反映出的真实信息，并制定一套明确的程序与规范，从而切实做到技术服务于教育教学，而不仅仅是生硬地将信息技术强加于教育教学过程。

技术进步不一定能转化为学习成果。广州大学张人杰教授认为，在当今信息时代，信息技术和其他媒体成了儿童社会化最重要的影响因素；教育技术可能使当代中小学生和大学生的心理断乳期延长。西南大学张诗亚教授认为，虚拟学习影响学生的成长，学习被转移到虚拟的网络和数据库中，学习的空间变得封闭化、狭小化、时间被压缩、过程被简化；同时，虚拟学习的研究仅停留在技术层面，而很少关注价值层面，教育技术的应用需要用人文精神调控。[③]从技术本位出发，重视技术环境的硬件资源建设，轻视软件资源建设，即用现代化的技术丰富课堂教学环境，而在教学资源的建设上、提升教师对信息技术使用的热情和师生信息化素养的投入上相对较少。[④]中小学校教育信息化建设对师生信息素养提升的忽视，导致的结果就是看起来学校校园环境和课堂环境变得越来越智能化，但学生核心素养发展却没有得到

---

① 于珍 .AI 进校园，边界在哪里？ [N]. 中国青年报 , 2019-10-24.

② 武正翔 . 超越与批判——信息技术在基础教育中的价值重构 [D]. 东北师范大学博士学位论文 , 2009.

③ 杨小微，金学成，杨帆 . 理论与技术的对话——教育学原理与教育技术学两大阵营的对话 [J]. 开放教育研究 , 2006(10): 11-14.

④ 付杨 . 从技术植入到生态优化：信息技术赋能课堂教学的范式转型 [D]. 湖北大学硕士学位论文 , 2020.

相应的提升。PISA 测评显示，学生在课堂中使用的技术越多，他们在 PISA 的数字素养测试中表现的技术水平反而越低。无论是在学校用电脑进行模拟、做作业还是使用学习软件、运用网站都是如此。我们还是要更好地将技术融入教学之中，摆正教学的中心地位，把教师职业放在重中之重，因为教师才是教学的设计者，并不只是技术公司。[①] 中小学教育信息化建设应该关注的是如何优化教育、确保技术为教育服务，需警惕重视"技术"而忽视师生主体，避免信息技术的"物化"和"异化"。技术本位忽视了"人"这一主体，将造成师生主体性丧失、价值判断标准失衡，使师生沦为被技术压抑和制约的对象，造成技术主导而师生被动适应的局面。

教育目标对信息技术具有制约性和选择性。有效教学的核心是实现文化的传承，有效教学靠教师而非机器。教学的灵魂与中心是师、生，不是机器。[②] 当技术植入教育场景，且成为教育场景中的主体的时候，教育的声音式微，被迫适应技术的更替。当技术本身的工具价值在教育中过度张扬，使得教育的发展偏离了教育属性，而被迫沿着技术的逻辑演化，成为技术设计的产物。[③] 当课堂信息技术的技术性僭越了人性，一方面会导致教育技术无法切实符合课堂教学的需要，技术进入课堂却无法进入教学活动，技术就只是摆设，而无法在课堂活动中被赋予教育价值。另一方面，即使某些技术被课堂活动所使用和接纳，如果在使用的过程中只看到技术的好处，却忽视人的发展需求，会对人的发展带来负面的影响。[④] 正如《地平线报告（2023）》所指出的，随着教育技术的完善和学习者对数字化学习空间的适应，未来学习者可能更愿意沉浸在由人工智能驱动的元宇宙世界中，而不再愿意在现实教育场景中投入时间和精力。因此，技术作为工具进入教学活动时，要发挥信息技术的优势，发挥技术的育人价值，以信息技术构建满足学生求知、个

---

① 安德烈亚斯·施莱歇尔. 重塑教育生态，展望面向未来的学习 [EB/OL]. https://i.ifeng.com/c/88cJ9DgLaKI.

② 曾铁. 课堂教学当以人为本、以技术为用 [N]. 中国教育报, 2012-02-07.

③ 李艺. 人文主义技术视角中教育与技术的"一体两面"——兼论教育学与教育技术学的对话何以可能 [J]. 开放教育研究, 2008(1): 47-52.

④ 付杨. 从技术植入到生态优化：信息技术赋能课堂教学的范式转型 [D]. 湖北大学硕士学位论文, 2020.

性化发展的教育环境，而不能在技术本位的思维惯性下忽视师生个性化发展需求，使得平等互动的师生关系不仅没有形成，反而使师生关系变得疏远。

二　育人本位的中小学教育信息化建设

技术本位的中小学教育信息化建设主要关注技术，包括网络建设、多媒体教室和实训室等硬件设施设备的投入建设，对教育的发展产生了许多负面作用。而今，中国的教育信息化进入数字化、智能化发展阶段，从以物为中心转移到以人为中心，教育信息化建设需要体现以人为本的价值诉求，关注处于技术场中的教育者和受教育者，从育人的角度，而非信息技术本身，来审视信息化对师生个性化发展的实际贡献。

美国教育部教育技术办公室发布的《2010 国家教育技术规划》明确提出，现代教育面临的一大挑战是如何有效利用技术，创设可以真实体现学生日常生活并促进他们对未来生活形成科学理解与合理预期的学习体验，而一个国家的教育体系必须考虑将 21 世纪的技术无缝融于学生的学习，以一种切实有意义的方式激发不同年龄层次学习者的学习兴趣、维持其学习动力，因为这些技术对学生未来的真实生活不可或缺。美国俄克拉荷马州立大学学者 Hong 多次强调，随着学习技术的普及应用，对于如何道德地使用这些技术工具进行学习已经成为人们关注的热点。其文章明确了教育技术应用过程中存在着道德问题，并通过访谈调查确定了最为突出的教育技术伦理问题是版权、学习者隐私、信息获取的可及性。[1]媒体文化研究者、批评家尼尔·波兹曼（Neil Postman）面对教育中的技术垄断，谴责唯科学主义，为传统符号的耗竭扼腕痛惜，号召人们以强烈的道德关怀和博爱之心去抵抗技术垄断，并从电视媒介、电脑媒介对教育教学的影响出发，指出学校教育最重要的贡献是给学生的学习提供连贯的意识，教育的失败并不是由于它不传授知识，而是因为它缺乏道德、社会或思想的核心。[2]美国当代技术哲学家安德

---

[1]　Lin, Hong. The Ethics of Instructional Technology: Issues and Coping Strategies Experienced by Professional Technologists in Design and Training Situations in Higher Education[J]. Educational Technology Research and Development, Oct 2007: 411-437.

[2]　尼尔·波兹曼 . 技术垄断：文化向技术投降 [M]. 北京：北京大学出版社 , 2009.

鲁·芬伯格（Andrew Feenberg）强调，技术应用于教育必须抵御"工具理性超越价值理性"的危险。[①] 美国技术哲学之父、教育哲学家杜威从实用主义的基本立场出发，排斥技术本体论地位，反对技术本质主义，以工具论而非实体论的观点看待技术。他从动态的角度对技术进行考察，把技术理解为"科学的技巧"（指使用工具、器械及实验技巧的科学方法），消除了技术主体与客体之间的分离，拒绝从主体性上建构技术本质的总体形而上学，同时强调将技术置于一定的具体情境中加以理解，体现了技术作为应用科学的观点；因此，技术就是人类面对各种疑难情形时，利用各种探究工具作为手段来解决各种问题；是对工具和技艺的探究。[②] 谢娟从技术伦理的角度指出，以人为本就是在技术活动中从人的基本需要出发，以人为中心，关注人的发展，强调科学精神与人文精神的双重追求。这一概念具体表现在：在技术活动中技术主体先于技术活动；技术主体是技术活动的目的，技术活动的终极目的是为了满足技术主体的需要，即人是目的，技术是手段。[③]

育人本位的中小学教育信息化建设，打破了传统教育条件的限制，扩展了学习主体的自由度，使教育更趋人性化。技术的应用和发展确实是为人类提供服务和带来便利的，关键在于人类如何选择、设计和使用技术，以实现对人类的有益影响和促进社会发展的目标。在设计和开发技术时，考虑到人类的需求、价值观和社会影响是非常重要的，这样才能确保技术真正为人类服务。维贝克认为技术能促进人与现实的结合，技术调节着人与世界的关系，影响了人的感知和行为。[④] 李克东从信息技术发展的角度出发，指出数字化学习是信息时代学习的重要方式，数字化学习是信息技术与课程整合的核心，并指出数字化学习的关键是要把信息技术作为学习的认知工具。[⑤] 在何克抗教授看来，教育技术运用的一个重大发展就是不再以孤立的学习资源

① 安德鲁·芬伯格 . 技术批判理论 [M]. 北京：北京大学出版社 , 2005.

② 拉里·希克曼 . 杜威的实用主义技术 [M]. 北京：北京大学出版社 , 2010.

③ 谢娟 . 现代教育技术应用的伦理审视 [D]. 山东师范大学博士学位论文 , 2013.

④ 彼得·保罗·维贝克 . 将技术道德化：理解与设计物的道德 [M]. 上海：上海交通大学出版社 , 2016.

⑤ 李克东 . 数字化学习（上）——信息技术与课程整合的核心 [J]. 电化教育研究 2001(8): 46-49.

建设为中心，而是将学习资源与学习过程紧密结合起来，这可以通过系统化的教学设计过程来实现。而教学系统开发结果的运用则是一种整体的综合运用，因而与课程的目标和要求有关。这有可能引发教学内容、教学模式、教学组织、教学管理乃至教学理论和观念的全面变革。[①] 可见，教与学的关系，教师与学生的关系，以及学校与家庭的关系受到信息技术的影响较大。随着智能技术的广泛应用，人与技术的关系也日趋紧密，人与技术将共同做出道德决策。人的品德有高低，行为有好坏，而技术的道德准则会对人的道德决策产生积极或消极的影响。从人的道德能动层面到技术的道德准则层面，人与技术要建立起内在联系，成为目标一致的道德共同体，共同遵守道德准则，共同承当社会责任。人与技术是互相依存、密不可分的，将人工智能引入教育活动时需要利用好人工智能的高性能、精准化技术优势，同时注重伦理引导，让高科技真正助力的同时保持教育的本质。[②]

与技术本位相对应，育人本位强调教育信息化是为师生发展、为育人服务的，而不是技术本身。美国圣地亚哥州立大学教育技术系教授伯尼·道奇（Bernie Dodge，2006）强调，教育技术不应该以追求新技术为目标，而应该以是否对教育真正有意义为目标，技术应按照教育规律有效整合课程教学和学习，而不是承担除此以外的其他期望和功能。不论是什么技术与教育的结合，都必须坚守教育本位的定位，将以人为本放在首位。学生的生命成长能否得到促进是衡量技术在教育领域中应用有效性的唯一标准。[③] 当数字技术全面渗透于学校教育之中并与其走向融合共生时，学校教育数字化转型将会形成三种新的文化基因，即学为中心，适性发展；需求驱动，开放创新；人机协同，技术赋能。[④] 不论是教育信息技术如何更新变化，课堂信息环境如何丰富进步，信息化教学的关注点始终在于教学本身，即如何在教学活动中使用信息技术来促进个性化教学，发挥其教育价值。把重心落在培养人、为

---

① 何克抗，李文光．教育技术学 [M]．北京：北京师范大学出版社，2009．
② 张娜，候静怡，贺威，刘家炜．中小学人工智能应用的伦理教育研究 [J]．中国教育信息化，2021(23): 49-52．
③ 于珍．AI 进校园，边界在哪里？[N]．中国青年报，2019-10-24．
④ 祝智庭，胡姣．教育数字化转型: 面向未来的教育"转基因"工程 [J]．开放教育研究，2022(5): 12-19．

培养人做贡献的教育本质上，才能真正体现教育信息化的核心目标和任务。

信息化的价值在于有效促进学生学习方式的转变与学习效率的提升，帮助教师有效提高育人质量和育人效率，从而提高教育适应社会加速变化的能力。而学习方式转变和效率提升反过来又驱动学生形成适应教育发展需要的信息技术思维与能力。信息技术是为教育服务的，它不是教育本身。因此，任何信息化设施的投入，都要判断它对教育教学改革和个性化教育的真实意义是什么。不盲目追求信息化设施的豪华程度，而让它成为推动教育教学改革的有机组成部分；不仅需要信息化硬件的外壳，更需要满足育人需求的软件和内容等信息化内核；教育信息化水平评价不仅要关注基础设施投入的数量和质量，更要重视信息化设施对教育教学效率和师生有效发展的真实贡献率，特别要重视评价信息化设施对个性化教学和个性化学习的真实贡献率。只有这样，才能不断增强信息化软实力，才能为学校高质量发展提供可靠支柱。

三　育人本位的中小学教育信息化水平评价理论

中小学教育信息化建设要坚持正确的伦理导向。技术的工具理性往往过度关注教育中的软硬件建设，忽视技术在教育应用中的价值理性。[①] 多媒体是工具，是平台，是基础，科学知识是学习的对象，人的全面发展和人文素养的提高是整合目的。技术是为人服务的，是从属地位。技术的运用是为知识的有效传递、学生的有效培养服务的。在技术、人、教育的关系中，人是目的，教育是手段，技术是环境条件。人为了生存和发展需要教育，技术服务和服从于教育发展的需要，教育提供了人的活动和技术发展的空间，技术、人、教育在其相互关系中各得其所。[②] 余胜泉教授也认为，教育信息化要从"面子工程"走向"务实工程"，由关注信息化基础设施建设，转向关注实际应用的效果、效益和效能，要从关注基础设施的信息化到关注教师与学生的信息化发展，从关注技术应用表面转向关注各学科教学质量和学生学

---

① 宋乃庆，郑智勇等.新时代基础教育评价改革的大数据赋能与路向 [J].中国电化教育，2021(2): 1-7.

② 单美贤，李艺.教育中技术的本质探讨 [J].教育研究，2008(5): 51-55.

习的实际提高。

"育人本位"的中小学教育信息化水平评价是相对于"技术本位"提出的评价理念，强调通过个性化教与学引导基础教育信息化软实力建设的发展方向，通过信息技术与基础教育教学的融合培养创新人才；育人本位的中小学教育信息化水平评价理论是一种以学生发展为核心，强调信息化教育过程中学生主体地位的评价方法。这一理论关注学生在信息化教育环境下的学习成果、素质提升和全面发展，旨在通过对学生个体和群体的综合评价，推动教育信息化的有效实施，提高教育教学质量。具体来说，育人本位的中小学教育信息化水平评价理论的内涵主要包含以下几个方面。

一是重视教师与学生的主体地位。育人本位的评价理论将教师和学生视为评价的中心，强调教师和学生在信息化教育中的主体地位。评价不再仅仅关注信息化教学方法和技术运用，而是更注重教师和学生在这个过程中的发展和成长。这就意味着中小学教育信息化水平评价不再仅仅局限于信息化教学方法和技术运用的层面，而是更加注重教师和学生在信息化教育过程中的角色和发展。从教师层面来讲，首先是教师的角色转变。育人本位的中小学教育信息化水平评价理论要求教师从传统的"知识传授者"转变为"学习的引导者"和"资源的管理者"。教师不再是简单地向学生传授知识，而是要通过信息化手段，引导学生积极参与学习过程，激发他们的学习兴趣和动力。其次是教师的专业发展。育人本位的中小学教育信息化水平评价理论意味着教师的工作不再仅仅是技术应用，更加强调教师的专业发展和素养提升，这促使教师不断学习，更新自己的教学理念、方法和技能，以适应信息化教育的需求，更好地发挥自己在教育过程中的主体作用。最后是教师的个性化指导。育人本位的中小学教育信息化水平评价理论不仅关注教学效果，也更关心教师在信息化教育中对学生的个性化指导过程，促使教师利用信息化手段与技术，根据学生的个体差异和需求，对其进行学习支持和指导，促进他们的个性发展和全面成长。从学生层面来讲，首先是学生的自主学习。育人本位的中小学教育信息化水平评价理论强调学生在信息化教育中的主体地位，这要求学生从被动的接受者转变为自主的学习者。学生应该借助信息化手段，积极参与学习过程，主动探索和构建知识，发挥自己的学习主体性。其次是学生的创新能力。育人本位的中小学教育信息化水平评价理论的本质是指向学生的核心素养发展，因此其评价过程不再简单地停留在关注学生的知识掌握程度，而要重点关注学生的创新能力和问题解决能力。信息化教育为学生提供了丰富的学习资源和工具，学生应该利用这些资源和工具，培养自己的创新意识和创造能力。最后是学生的全面发展。育人本位的中小学教育信息化水平评价理论强调学生在信息化教育中的全面发展，这包括认知、情感、社会和道德等多个方面。因此信息化水平评价应该综合考虑学生在这些方面的发展情况，促进他们的全面成长和综合素质的提升。

二是个性化教与学。育人本位的中小学教育信息化水平评价理论强调通过个性化教与学引导教育信息化软实力的发展方向。这意味着评价方法应该考虑到每个学生的个体差异，为其提供符合个性化需求的教育资源和学习环境。个性化教与学的理念与构建主体性学习的理论相契合。主体性学习理论认为，学习过程应当以学生为主体，重视个体的学习需求和学习方式。因此，个性化教与学的实践可以有效促进学生的主体性发展，提高学习的积极性和效果。当然，个性化教与学的实现离不开信息技术的支持。信息技术可以提供丰富多样的教学资源和工具，帮助教师更好地了解学生的学习需求和兴趣，为他们提供个性化的学习内容和学习路径。首先是个性化教与学要求教师根据学生的不同特点和需求，采用差异化的教学策略。这包括不同的教学内容、教学方法和评价方式，以及个性化的学习任务和作业安排，以满足学生的个体差异。如教师使用合适的教育信息化平台可以获取到丰富多样的教学资源，包括教材、课件、视频、网络课程等，根据学生的不同特点和需求，选择和调整教学内容，满足学生的个性化学习需求；教师可以利用在线教学工具和学校的信息化设备，开展课堂互动、实验探究、小组合作等形式的教学活动，满足不同学生的学习需求和学习风格。例如，针对视觉型学生，可以利用多媒体资源进行教学；针对听觉型学生，可以通过在线听力训练等方式进行教学；教师也可以根据学生的学习需求和兴趣爱好，分配个性化的学习任务和作业，让学生在自主选择和完成的过程中发挥自己的特长和优势，借助于智能作业批改与评价的信息化技术，教师和学生可以在线提交和修改作业，提高作业反馈的及时性和效率。其次，个性化教与学旨在为学生创造一个自主学习的环境。良好的校园信息化建设平台可以为学生提供个性化学习平台，让学生根据自己的学习需求和兴趣自主选择学习资源和学习路径，自主探索和学习。自主学习环境的搭建与利用率，是中小学教育信息化水平建设为提升教学质量提供贡献率的重要指标，是弥补系统性教育灵活性的重要举措。最后，是学生学业水平信息化管理的个性化。教育信息化平台可以帮助学校建立学生信息管理系统，包括学生档案、学习记录、评价成绩等信息。通过学生信息管理系统，教师可以全面了解每个学生的个体差异和学习情况，为个性化教与学提供数据支持和参考依据。

三是育人本位的中小学教育信息化水平评价强调学校信息化软实力的整体提升。这包括教师和学生的信息化素养、学校的教育教学改进能力、教育管理水平等。育人本位的中小学教育信息化水平评价过程不仅关注单个指标的提升，更关注软实力的整体提升和协同发展。首先，教师的信息化素养是指教师运用信息技术进行教学和教育管理的能力和水平。评价教师的信息化素养包括教师掌握信息技术的程度、能否熟练运用信息技术进行教学设计和课堂教学、能否利用信息技术开展个性化教学等方面。教师的信息化素养不仅直接影响教师的教学质量和教育效果，也影响学生的学习体验和学习成果。其次，学生的信息化素养是指学生获取、评价、利用信息的能力和水平。评价学生的信息化素养包括学生的信息检索能力、信息分析能力、信息评价能力、信息创新能力等方面。学生的信息化素养不仅有助于他们更好地适应信息化社会的发展需求，也有助于他们更有效地获取知识、解决问题和创新思维。再次，学校的教育教学改进能力是指学校在信息化教育环境下，能够持续开展教育教学改革和创新的能力。评价学校的教育教学改进能力包括学校的教育教学研究和实践能力、课程设计和教学方法的创新能力、学校的教学资源开发和共享能力等方面。学校的教育教学改进能力决定了学校教育质量和竞争力的提升。最后，教育管理水平是指学校管理者在信息化教育环境下，能够有效管理和运营学校教育资源和教学过程的能力。评价教育管理水平包括学校的信息化管理能力、教育资源配置和利用效率、学校管理体制和运行机制的创新能力等方面。优秀的教育管理水平能够为学校的信息化教育提供良好的组织保障和运行支持。可见，育人本位的中小学教育信息化水平评价理论强调综合考量学校信息化软实力的各个方面，以全面评估学校信息化水平的提升情况。

四是育人本位是中小学教育信息化水平评价的发展方向。我国教育信息化已经进入 2.0 时代。为促进新一代信息技术与教育教学的融合创新，国家对教育信息化发展规划进行了前瞻性顶层设计，出台了一系列政策文件，均指向现代信息技术与教育教学的融合创新发展，为培养合格的劳动者和接班人提供服务。从《教育信息化十年发展规划（2011—2020 年）》战略目标的顺利实现，到"教育信息化 2.0 行动计划"的深入实施和"智慧教育示范区"建设的稳步推进，再到国家教育数字化战略行动的全面启动，我国教育信息化经历了工具辅助、整合应用和融合创新三个发展阶段，整体上已接近国际先进水平，目前正处于数字技术与教育教学融合创新的关键时期。[①] 教育信息化政策的落点和走向，为中小学教育信息化发展及其水平评价提供了依据、指明了方向。可见，虽然技术进步不可阻挡，技术对教育的影响和改变也无法回避，但是，中小学教育信息化为教育服务的性质和方向是不会改变的。

总之，育人本位的中小学教育信息化水平评价理论旨在全面、客观地评价师生在信息化教育环境下的发展状况，推动教育信息化从"以教师为中心"向"以学生为中心"的转变，服务于学生全面而有个性的发展。这一评价理论的实践应用，有助于提高教育质量，实现教育公平，为培养适应信息化社会需求的人才奠定基础。

本书认为，中小学教育信息化水平评价是依据育人本位的评价标准，对中小学教育信息化构成要素的价值做出全面科学判断的动态过程，其目的在于优化教育信息化资源配置方向和方式，引导教育信息化投入与应用，有效作用于教育质量的提高与改进，服务于中小学个性化教育和人才培养，避免信息技术应用沦为单纯追求效率的教学机器而丧失教学的本性。中小学教育信息化水平评价对于科学反映区域教育信息化发展水平，探究区域、城乡教育信息化发展差异的关键影响因素，引导区域中小学教育信息化高质量发展

---

① 黄荣怀. 科教融汇共塑未来教育 [J]. 人民教育，2023(9): 16-20.

具有重要意义。

第三节　中小学教育信息化水平评价建设的核心问题

信息化水平反映的是信息技术对实现育人目标的过程和结果的贡献大小。换言之，单位信息化设施投入所带来的教育产出相对较多，信息化水平就相对较高；反之，即使信息化设施豪华、先进，信息化水平却不一定高，可能是资源配置不当，甚至是极大的资源浪费。信息化的价值在于有效提高育人质量和育人效率，可见，育人本位的价值取向是中小学教育信息化水平评价之根本依据。

一　信息化水平评价是否有利于实施个性化教育

加速的变化和加剧的不确定性是信息社会的主要特征，而应对变化的竞争优势是创新。因此，为社会培养创新人才和创造性劳动者是未来教育的基本目标，基础教育承担为实现这一基本目标奠基的重任。实践证明，创新能力来源于知识积累基础上学生个性的有效发展。然而，由于教师精力的有限，个性化教育在传统班级授课制中难以实现。信息技术在教育中的应用，赋予分层教学和个性化教学以先进的技术基础，大数据技术也让指向个性化教育的发展性评价和过程性评价得以实现。虽然信息技术为个性化教育提供了可能性，但是教育信息化无法替代教师的教学行为，因为价值观教育、情感交流、知识深化和知识创造是信息技术无法完成的。

技术本位的教育信息化不仅无法推动教育教学创新，而且还会放大传统教育的弊端。黄荣怀（2020）提出，由于当前"技术黑盒子"和"方案空盒子"现象的存在，教育产品难以有效支持教育教学的开展，更难以在具体的教育环境中应用。信息技术无论怎样发展，都要谨防技术理性超越价值理性。最近我们经常提一个词——资本凶猛，实际上现在技术也很凶猛，当资本和技术叠加在一起时就更加凶猛。目前这种情况在全球都呈现出来。信息技术在我国教育领域的应用存在两方面问题：一方面是利用不足，例如在西部等地区尽管基金和设备投入很多，但使用效率不高，存在浪费现象；另一方面是在某些发达地区存在信息技术使用过度的现象，更准确地说是使用方向存在偏差，例如使用大数据技术评价教师，增加了教师的负担和压力，教师很抵触。因此，必须思考技术是解放人、发展人的手段还是束缚人、奴役人的手段。在技术理性与价值理性的关系上，技术理性永远要服从于价值理性。[①] 雷万鹏（2018）认为，当前教育信息化政策研究的误区之一就是把高投入当作高产出，一味强调加大教育信息化投入，推动信息技术、设备的更新换代。实现个性化教育必须有效利用信息通信和教育大数据以及人工智能技术支持教学变革，警惕陷入"纯技术化"的误区，是应有的理性态度。中小学教育信息化水平，表现为信息化对个性化教育教学的真实贡献率，因此其重点是考查教师应用信息技术开展个性化教育教学活动的程度。

在快速变化的技术环境中，教师的角色正在发生变化，教师从知识传授者的角色向学习辅助者的角色转变，教师不再是无所不知的信息提供者，而是作为教练和指导者，引导学生主动获取知识。随着人工智能技术更加先进并渗透到社会中，学校应当鼓励教育工作者设计以学生为中心的学习课程，并在实践中不断发展完善。与其将大部分课堂时间花在教师单向的信息输出，不如与学生坐在一起，支持他们朝着个人的学习目标前行。杨现民、郑旭东提出，未来教师要修炼五项能力：（1）人机协同育人能力。生成式 AI 的教育应用，不只是将教师从繁重机械的任务中解放出来，更要求教师掌握人机协同共创的能力，灵活及善用 AI 教育产品与服务，为学生量身设计教学目标、内容、活动环节，实施精准评价，支持学生高阶能力培养及赋能"五育"融合发展。（2）持续反思与学习能力。教师与 AI 协同育人将成为常态，但教学活动应该由教师主导而非机器。教师必须发展高水平的教学反思与评价能力，也要加强发展学习力，不断提高专业与技术能力，以应对未来 AI 持续进化及其深度应用对教师主体地位的挑战。（3）批判性思考及选择能力。人是有惰性的，生成式 AI 击中了人类的这一软肋。教师既要防止过度依赖 AI 导致自身能力的衰退，更要掌握教与学活动的自主权，关注自己独立的批判性思考及思维能力，审慎地选择 AI 生成的信息及提供的资源。

---

① 褚宏启. 为信息技术找到灵魂 [J]. 中国远程教育, 2018(9): 13-14.

（4）创造性思维与创新能力。培养大批创新创造人才是应对生成式 AI 挑战的根本途径。这意味着，教师必须最大限度地发挥创新创造的主体作用，只有提高教师自身的创造性思维与创新能力，才能保持教育教学活动模式的创新，才能全方位赋能创新人才培养。（5）跨学科领域合作能力。生成式 AI 是跨领域协同创新的成果，不少教师理解、接受并在教学与管理中创新使用 AI 仍具有挑战性。为此，未来教师需提高跨学科多元思维能力，加强与不同学科教师及其他行业领域人员协同合作，探索生成式 AI 的教育创新应用。[①]

二　信息化水平评价是否有利于推动个性化学习

　　信息化能够根据学生的学习成绩、兴趣爱好、学习习惯等数据，为学生提供改进学习有用的、准确的信息，推荐适合学生的学习资源，在此基础上定制不断进化的、专属的、个性化的学习策略与方法。陈雄辉（2020）提出，个性化学习课堂是基于不同学习主体、教学内容采取不同的教学方法，兼顾每个学生的学习需求，促进学生的差异化发展，达到整体性、个性化成长的课堂。在新技术支持下的个性化学习课堂教学中，教师运用新技术能够关注到每个学生，根据不同学生的特点采取不同的教学方法，确保每个学生进步最大化。学生是课堂学习的主体，教师能够调动学生的主动性，满足学生学习的兴趣，完成教学任务，达成教育目标。新技术支持下的个性化学习课堂教学，最大特征在于"尊重差异性""满足个性化"，每个学生都能个性化发展。技术不是用来支持过时的教学策略、方法和模式的，而是用来增强人际交流、扩大人际协作、提升学生创造力的，如何利用技术变革学习是新一代学习者必须具备的意识。随着新技术的不断丰富和发展，学生可以在真实的情境中全身心地投入问题解决或作品创造过程，进而在实践中构建自己的经验与生活。[②] 学校教育的意义和价值将从注重知识学习转向朝着关注人

---

　　① 杨现民，郑旭东 . 生成式人工智能重塑教育及教师应对之道 [J]. 中小学信息技术教育，2023(5): 8-10.

　　② 杨金勇，孟红娟 . 利用技术变革学习：新版《美国国家学生教育技术标准》解读 [J]. 中国电化教育，2018(6).

的情感、合作与解决问题的能力、创新能力等高阶智慧发展。[①] 学校要引导学生树立科学的诚信观和责任感，使其成为一个有自主意识、负责任的人工智能技术用户，科学适恰地将人工智能应用于学习、工作、生活和社会交往中。唯有坚持正确的价值导向，才能充分发挥包括 ChatGPT 在内的人工智能新技术对学生学习和成长的正向促进作用，而不是让新技术凌驾于学生之上，陷入"纯技术化"的误区。[②] 同时，技术引起的社会变革使得学生的学习方式发生变化，随时可获得知识与信息的互联网环境使得教师不再是课堂中的知识权威，传统教师的角色受到挑战，教师将从知识的传授者、教学者，转变为学生学习的引导者、促进者、咨询者。[③] 技术可以帮助教师更好地识别学生的个体差异，提供个性化的教学计划和资源，以满足每个学生的学习需求；教师可以创造更具吸引力和互动性的课堂环境，开展更生动有效的教学活动，同时为学生提供更直观的学习资源和学习方式；学生可以随时随地获取学习资源，打破时间和空间的限制，拓展学习空间，提升自主学习能力。

　　智能技术支持下的自主学习、探究式学习和协作学习，改变了统一步调、统一方式、统一评价的传统学习方式，使以班级为单位的"集体学习"向个性化学习转变。智能技术通过记录学生的学习计划和成长轨迹，识别学生的长处、弱点和学习偏好等，为每个学生"画像"，从而实现精准的资源推荐和学习路径选择，支持学生进行个性化学习。[④] 个性化学习是学生根据个人特点，建构自己的知识方法体系和意义结构的自主学习方式，它是学生发展创新能力的关键途径。知识和意义的建构需要丰富的学习资源，而信息化为海量的学习资源共享以及低成本获取提供了成熟的技术。信息化对学生个性化学习的贡献还在于把情境教学植入课堂，让学生能够在真实或模拟的情境中完成学习任务、解决实际问题、发展思维品质，并从中发现自身学习优势、找到

① 唐汉卫.人工智能时代教育将如何存在 [J].教育研究,2018(11):18-24.
② 钟秉林,尚俊杰,王建华等.ChatGPT 对教育的挑战 (笔谈)[J].重庆高教研究,2023(3):3-25.
③ 唐瓷.信息化背景下教师的变革与提升 [J].中国教育学刊,2018(7):105.
④ 黄荣怀.科教融汇共塑未来教育 [J].人民教育,2023(9):16-20.

个性化学习策略。由此提炼的项目学习、合作学习、探究学习已成为学生发展创新能力的有效学习方式。促进信息技术与教育教学的深度融合，把其从信息技术与单一学科教学的融合推进到信息技术支持下的跨学科教学融合这一更加纵深的层次上，正推动着学生在信息技术支持下学习方式的转变。

中小学教育信息化的目的是为了促进教与学的转变，促进学生核心素养的培养，关注学生的个性化发展。然而，学习方式和学习资源的有效性以及适合性，依赖于学生正确的自我认知以及对学习资源质量的甄别与应用能力，它不是技术自动实现的，而是需要教师的引导和学生自主学习能力的提高。不难想象，繁杂的学习资源因为没有质量标准而让学生手足无措，也给老师增加了工作难度。目前 ChatGPT 不断迭代更新，新一代人工智能已经可以实现快速找到某一个问题的答案和解题过程，或根据主题可以快速生成一篇论文、一份报告、一幅图画、一段视频，人工智能技术的简单应用只会惰化学生思维，关键是教师需要引导学生合理、科学地借助各种人工智能技术来培育逻辑思维和批判性思维。[1]借助生成式人工智能技术，美国鲍德温学校五年级教师安娜·鲁伊斯将"阅读教练"（Reading Coach）平台引入她的阅读课，并充分利用"阅读教练"的不同功能，帮助学生提升阅读能力，激发阅读兴趣。在"阅读教练"上，学生可以阅读教科书文本、数字图书馆的文本或者用人工智能生成故事。安娜·鲁伊斯会让学生利用"阅读教练"自主朗读文本，并通过平台提供的关于发音和流利程度的即时反馈工具来纠正读错的单词。研究发现，帮助缩小阅读能力差距的最有效方法之一就是个性化学习。"阅读教练"的"AI 故事"模式中，学生可以选择故事的主角、背景和情节，系统会自动生成与学习者选择的阅读水平相匹配的完整故事。故事共创带来的参与感极大地激发了学生对阅读的热爱。中小学教育信息化，不仅体现为专业的质量标准，而且体现为服务学生个性化学习的重要功能。因此，中小学教育信息化水平评价，要衡量和评价信息化对学生个性化学习变革的积极推动作用和真实贡献率。

---

① 郑庆华. 人工智能赋能创建未来教育新格局 [J]. 中国高教研究，2024(3): 1-7.

三　信息化水平评价是否有利于引导软实力建设方向

个性化教育和个性化学习是"教"和"学"的两个方面，是教育的本质内涵，也是体现教育信息化水平的关键领域。中小学教育信息化水平评价，不仅重视先进信息技术在基础教育领域的移植和应用，更重视信息化对教育管理效率、课程资源质量、教育教学质量、学习方式变革以及师生信息素养的贡献，引导信息化由技术伦理向教育伦理转变，从而全面提升中小学教育信息化的软实力，而软实力将是信息技术推动教育变革的决定性力量。

信息化软实力是教育数字化转型过程中至关重要的一步，它不仅是部署技术和系统，更是一项关乎组织变革、管理创新和育人方式转变的重要工作。数字化转型已然以势不可挡之势将学校教育裹挟进转型升级的浪潮之中，学校教育将教育主体、教育对象、教育教学活动等与数字技术紧密结合的时候，必须对技术潜藏的架空教育主体思维体验、弱化教育复杂性与生命性的异化行为保持必要的警惕，需要坚守技术与人文的边界，理性看待技术之于学校教育数字化转型的工具性与价值性，永远持存技术向善、以人为本的教育立场，从而融合工具精神内涵、加大人文关怀外延。[①] 应用才是现代教育技术的生命力之所在，离开了应用，现代教育技术对于教育而言，只是一种毫无意义的虚构和摆设。现代教育技术应用是建立在掌握现代教育技术相关理论的基础上，有助于促进教育发展的现代教学媒体等工具的使用原则、方法、技巧、规律等应用于教育教学的情境中，从而完成现代教育技术理论向其成果转化的过程，达成优化教学、提高教育质量的目的。事实上，现代教育技术应用就是现代技术的教育应用，是现代技术在教育中的应用体现。[②] 信息技术与课程整合的水平高低在一定程度上可以代表教育信息化的水平，因为信息技术在教育教学中的运用程度是教育信息化的核心指标。[③]

现实中既罔顾科技伦理、又忽视教育伦理甚至忽视基本社会伦理的情

---

① 孙荣. 回到教育未来：学校教育数字化转型的逻辑向度 [J]. 教育理论与实践，2023(22): 58-64.

② 谢娟. 现代教育技术应用的伦理审视 [D]. 山东师范大学博士学位论文，2013.

③ 李智晔. 论信息技术与课程整合的基本问题 [J]. 教育研究，2015(11): 91-97.

形，在教育信息化领域并不鲜见。如：部分教育科技产品突破科技伦理底线，违法收集学生隐私信息，限制学生个人自由，给学生戴上电子镣铐，侵犯使用者个人隐私，违背教育规律和科技向善原则。存在盲目追求设施设备的"高大上"而忽视应用、盲目追求短期效果而忽视长远目标、从技术伦理出发而忽视人的特点等违背教育教学规律的现象，造成了信息化设施设备的利用率低下以及技术与教育不能有效融合的尴尬现状。育人本位的中小学教育信息化水平评价，就是要改变"技术本位"的评价标准，把引导教育信息化软实力建设的方向作为核心目标。

引导软实力建设意味着将信息技术应用于教育教学过程之中，以增强学习体验、提高教学效率并服务于教育的根本目标。强化教育信息化软实力建设，将引导中小学校根据自身的发展需求和目标，制定信息化发展规划和战略，明确信息化软实力建设的方向和重点；推动师生主动融入信息化教学环境，注重培训和教育以提高师生信息化技术的认知和运用能力；建立健全信息化教学管理机制，充分发挥信息技术在提升教学质量、个性化教育和学生综合素质培养中的作用，促进信息化教学改革与创新，提升教育教学水平和管理效率，为学生提供更高质量的教育服务。引导教育信息化软实力建设的最终目标是为师生创造更好的教学环境和方式以有效发展学生核心素养。同时，我们也需要警惕技术不能成为教育的唯一焦点，而应当将技术作为服务于育人的手段，始终保持关注学生全面而有个性的发展。

第四章

育人本位的中小学教育信息化水平评价指标体系

信息技术正在成为基础教育高质量发展的变革性力量。中小学广泛开展的信息化教学校本化实践，切实推动了信息技术与教育教学的有机融合，有效探索了信息技术服务师生个性化发展的实践路径。但在教育信息化建设与应用过程中也存在着以技术替代教育的错误倾向，教育信息化水平评价出现"重设施、轻应用"等本末倒置的严重风险。应该明确的是，信息技术是为教育服务的而不是教育本身。因此，研制"育人本位"的中小学教育信息化水平评价指标体系，通过评价指标体系的应用引导教育信息化软实力的发展，对新课程新教材改革背景下的育人方式转变具有重要的理论与实践价值。

第一节 中小学教育信息化水平评价指标设置现状分析

信息技术的飞速发展给教育带来了全面而深刻的变化，世界各国及时跟踪和评估这种变化，为实现信息技术与教育教学的有效融合、利用信息技术促进育人方式转变提供有价值的信息反馈。

一 国外中小学教育信息化水平评价指标设置分析

联合国教科文组织的"信息技术在教育中的绩效评价指标"是针对亚太地区信息技术教育应用的评价标准，评价指标可以评价技术应用、教育改革、教师能力、教学过程变化之间的复杂关系。为衡量教师是否有效运用信息技术，联合国教科文组织提出"教师信息化能力框架（ICT-CFT）"，从技术认知、知识深化和知识创造三个维度对教师信息化能力进行评价。其中，技术认知是要教会学生有效运用信息化技术以提高学习效率；知识深化是使学生就学校所学科目获得更深入的知识，并能将其应用于解决复杂的现实社会问题；知识创造是培养学生成为未来的优秀公民、自主建构具有自我特征的知识体系，并能创造满足新社会发展需要的新知识。借助信息技术培养学生协作精神、实践、创造等综合能力，使其成为优秀的全球公民和劳动者，是衡量中小学教育信息化水平的重要标准。

美国、英国等发达国家中小学教育信息化从基础设施配备、教育资源建设及教师信息素养建设转向深入应用、全面融合、引领创新的新发展阶段，寻求教育系统的整体变革成为其教育信息化发展的新目标。从《美国国家教育技术标准》学生版新旧标准的对比（见表4-1），我们可明显看到"技术"一词的退位以及"学生"作为主体的上位，体现出美国教育信息化工作思路的动态演变。

表4-1　《美国国家教育技术标准》学生版新旧版本对比[①]

1998 版	2007 版
无	创新与变革
技术作为交流的工具	交流与写作
技术作为研究的工具	熟练运用信息开展研究
技术作为解决问题与决策的工具	批判性思维、解决问题与对策
社会、道德与人文方面的要求	数字化时代公民的意识与素养
基本操作与概念（处于标准中第一位）	技术操作与概念（处于标准中最后一位）
技术作为提供学习效率的工具	无

美国教育技术 CEO 论坛研发了美国 STaR 评估量表，从硬件设施、教师素质、数字资源、学生能力四个方面衡量学校教育信息化的发展水平。英国教育通信与技术署主导的自我评估框架（Self-review Framework），主要用来衡量学校 ICT 的使用"成熟"程度。国外中小学教育信息化评价关键指标如

① 阳燚.从美国国家教育技术标准的变迁看教育技术应用重心——面向学生的教育技术标准（NETS·S）[J].中国信息技术教育,2009(21):88-91.

表 4-2 所示。

表 4-2　国外中小学教育信息化评价关键指标

研发机构	项目名称	评价指标
联合国教科文组织教育信息技术研究所	ICT 教育应用指标项目	信息技术与课程的整合情况；信息技术课程教学情况；国家教育信息化规划及举措；生机比；网络多媒体系统的分布情况；学校连接互联网情况；不同学科所用教育软件；教师对信息技术应用的自信及专业发展、信息素养水平；管理者的专业水平。
联合国教科文组织	教师信息化能力框架（ICT-CFT）	理解信息化在教育中的作用；课程设计和成绩评估；教学法；信息技术；组织理论和行政管理；教师职业学习。
美国教育技术 CEO 论坛	美国 STaR 评估量表	硬件设施；教师素质；数字资源；学生能力。
英国教育通信与技术署	学校自我评估指标（SRF）	领导和管理；课程；学习和教学；评估；专业发展；拓展学习机会；资源；影响学生的学习结果。

2007 年 4 月，英国教育信息化指导与管理的教育及通信技术局颁布了一套包括核心设计原则与核心教学原则两部分内容在内的英国数字化学习资源质量标准，对英国数字化学习资源的设计制作及教学应用的标准提出了基本规范，具有一定的科学性、权威性及较强的实践操作性。其中，核心设计原则包括强大的用户支持功能、资源必须具备可访问性和平台互操作性、具备有效的沟通能力，确保关键资源信息、用户指导信息以及各种已知的资源利弊信息等都清晰地传达给了所有用户；资源核心教学原则规定数字学习资源的教学应用过程必须具备包容性及准入性、支持参与式学习及有效学习、支持形成性评价及终结性评价、与课程匹配、易于使用等基本要素。①

挪威教育部发布了一套数字化学习资源质量评价标准，该标准用于对挪威本土中小学数字化学习资源质量评价进行规范。该评价标准包含教育和技术两大维度。两个维度也包含了数字化学习资源的教育属性和技术属性。教育维度包括数字化学习资源特征、资源的学术及教育取向、用户取向三个方面；技术维度包括可访问性、元数据标识、并行语言版本和技术互操作性四个方面。

---

① 马元丽，费龙. 英国数字学习资源质量准则解析 [J]. 现代远距离教育，2010(3): 78-81.

　　韩国在各道、市实施"教师信息活用能力评价制度"，其中包括计算机操作、通过网络检索查找并应用信息、利用信息化设备进行教学、制作简单的教育软件等，并将评价结果反映在教师人事制度上，把应用信息技术的能力作为教师聘用、选拔和晋升的条件。韩国教育人力资源部 2001 年制定了《教师信息活用能力标准》。该标准根据教师的职位不同分为教师、教育信息部长、校监、校长四个等级，再按照不同的等级来分别定义必要的 ICT 应用能力。2002 年韩国教育人力资源部（原教育部）修改该标准，把教师的职位重新调整为教师、校监（副校长）、校长 3 个等级，把教育信息部长更名为信息技术教师，并单独设置其标准。2022 年 2 月 8 日，韩国教育部发布《2022 年教育信息化实施计划》，该计划以实现以人为本的未来智能教育环境为愿景，通过有效、系统地推进教育领域的信息化建设，让更多学校的教师和学生在课堂享受到以数字化为基础的教育教学服务。该计划清晰地指出了韩国教育信息化建设新阶段的方向，并从未来性、可持续性、个性化和共享性四个方面制定了目标：以未来型信息通信技术为基础构建教育和研究环境，可持续发展的教育信息化革新，通过信息通信技术实现针对残疾人等教育弱势群体的个性化教育，扩大教育信息化资源共享。①

　　加拿大西蒙菲沙大学的尼斯比特（John.Nesbit）教授等设计了一套用于评价数字化学习资源质量的指标体系，从内容质量、学习目标一致性、反馈和适应性、激发性、界面设计、交互使用性、可访问性、可重用性、遵守标准 9 个维度来考察学习资源的质量。② 罗宾·凯伊（Robin.Kay）提出了交互性、设计、参与、可用性和内容 5 个维度的指标体系。交互性包括活动建构、控制、交互层级；设计包括布局设计、呈现设计、图片质量、关键概念的强调；参与包括难度、主题、反馈和多媒体；可用性包括简单易用、清晰明示、导航；内容包括准确性和质量。③ 弗雷斯切尔（Fleischer）（2012）发

① 于佳靓 . 韩国：教育信息化有哪些新动向 [N]. 中国教师报 , 2022-05-10.
② 方引青 , 刘洪沛 . 网络学习资源评估研究的新成果——LORI[J]. 人才资源开发 , 2009(1): 103-105.
③ Robin H. Kay and Liesel Knaack. A multi-component model for assessing learning objects: The learning object evaluation metric (LOEM) [J]. Australasian Journal of Educational Technology, 2008, (5): 574-591.

现，与学生学习相关的研究主要聚焦于学习体验、课堂活动和学习成绩三方面，并且发现大量研究将学习动机、学习兴趣、学习参与、学习成绩、技术使用等作为技术应用成效的观测对象。[①]

人工智能、大数据等新技术正在推动"大规模标准化教育"转向"大规模个性化学习"。尽管基于不同的发展阶段和政策诉求，不同国家的中小学教育信息化评价侧重点各不相同，其评价指标各具特色，但也存在一些共性特征。其中，信息技术与课程融合、数字教育资源质量以及师生信息素养等都是中小学教育信息化水平评价的主要指标和关注的重点领域。

二 国内中小学教育信息化水平评价指标研究现状分析

随着信息技术的迭代升级和中小学教育信息化的快速发展，我国学者对中小学教育信息化水平评价进行了理论与实证研究，在评价指标构成方面产出了众多代表性研究成果。

（一）区域基础教育及学校信息化评价指标

以 ChatGPT 为代表的 AI 技术发展引发对教育模式与教育理念根本性变革的思考。吴砥等（2014）提出了包含基础设施、数字教育资源、教与学应用、管理信息化、保障体制五大维度的指标体系。[②] 王海等（2016）对影响基础教育信息化绩效水平的原始变量进行探索性因子分析，揭示原始变量的内在结构及公共因子，确定基础教育信息化绩效评估维度，包括信息化资源匹配主体程度、信息技术环境支撑教学程度、信息技术环境提供服务程度、信息技术与课程整合程度、信息化发展保障程度 5 个维度。[③] 李青等（2017）认为，基础教育信息化发展水平评价指标包括信息化基础设施及设备、数字化资源及业务平台系统建设、教学信息化和信息化教学实践、信息素养与信

① Fleischer H. What is our current understanding of one to one computer projects: A systematic narrative research review[J]. Educational Research Review, 2012, 7(2): 107-122.
② 吴砥，尉小荣，卢春，石映辉. 教育信息化发展指标体系研究 [J]. 开放教育研究，2014(1): 92-99.
③ 王海，解月光，付海东. 评估维度量化方法研究——以基础教育信息化绩效评估维度为例 [J]. 中国电化教育，2016(10): 97-101.

息技术技能培养、学校信息化的规划与管理、教育评估信息化等主要维度。[①]
李贺（2017）建构了以"管理与服务""信息化教学环境""教师信息化教学
水平""学生信息化学习水平"为四个核心维度，以起步、应用、融合、创
新为四个发展阶段的县级教育信息化发展水平监测评估框架。[②] 李晓雪、黄
斌（2019）构建了包括信息化基础设施、信息化人才队伍、信息化软件资
源、信息化保障体系的基础教育信息化评价指标体系。[③]

吴砥（2020）构建了包含五大维度和四大层次的指数评估框架。五大维
度为基础设施、数字教育资源、教学应用、管理信息化和机制保障，包括学
校多媒体教室比例、师生信息化终端数等基础设施建设情况，学校校本资源
库、网络学习空间等数字教育资源建设情况，网络空间应用、教师晒课等教
学应用现状，管理数据应用、学校网络安全系统等学校管理信息化情况，以
及信息化经费投入、教师信息化培训等机制保障建设情况。四大层次为参与
人员、资源环境、应用服务和综合评价。参与人员层主要包括学校领导、行
政管理人员、信息化专职人员、教师和学生等主体，他们的应用能力、信息
素养和协同能力都影响着学校信息化的应用水平。资源环境层是指服务于教
育教学信息化的支撑环境，既包括硬件环境，也包含覆盖教学、管理的信息
系统和资源平台，它们共同构成完整的学校信息化教学环境。应用服务层主
要包含信息技术辅助的各项教学教务环节，如数字校园管理、校务管理、教
师研修、课堂教学等相关内容，为提升教学效率效果、实现校园管理现代化
提供了重要支撑。综合评价层主要关注基础教育教学、教研、管理和服务四
个核心业务，各参与主体在学校信息化环境支持下有效应用各类数字资源和
平台，服务于各教育教学环节，最终实现学校教育质量的整体提升。[④] 田鹏、

[①]　李青，赵欢欢，潘能喜 . 基于成熟度模型的中小学校教育信息化发展水平评估指
标体系研究 [J]. 北京邮电大学学报（社会科学版），2017(1): 94-102.

[②]　李贺 . 县级教育信息化发展水平监测评估框架建构研究 [J]. 中国电化教育，
2017(7): 107-114.

[③]　李晓雪，黄斌 . 基础教育信息化综合评价研究：以四川省 6 所学校为例 [J]. 中国
教育信息化，2019(12): 1-5+10.

[④]　吴砥 . 我国基础教育信息化发展指数构建及应用研究 [J]. 教育科学研究，2020(11):
92-96.

宋洁等（2016）研究提出了由应用情况、实际效益和持续发展构成的中小学数字校园信息技术应用水平评价指标体系。[①] 祝新宇、曾天山等（2018）研制了涵盖建设、联通（三通两平台）、管理、应用、效益五大维度的义务教育学校信息化发展状况 CCAME 监测指标框架。[②] 邱相彬等（2023）构建了区域教育信息化发展水平评价指标体系，包含基础性指标、重点性指标和特色性指标三个维度。其中，基础性指标包括基础设施、教学信息化应用、教研信息化应用、管理与服务信息化应用、信息化保障 5 个二级指标；重点性指标包括顶层规划、教育数字化改革、数字教育资源建设、师生信息素养提升、数字教育新基建、网络安全体系 6 个二级指标；特色性指标主要包括基于教育信息化典型项目和实践成效，体现各地立足区域实际，开展面向未来的实践与探索成效。[③] 许秋璇、吴永和、戴岭（2024）基于成熟度评价视角，采用内容分析法进行指标遴选，经过德尔菲法两轮专家征询修正指标，运用层次分析法确定指标权重后，构建出一套中小学校教育数字化转型成熟度评价指标体系（包括发展规划、基础设施、数据治理、教育应用、发展成效 5 个一级指标，15 个二级指标，47 个观测点），将中小学校教育数字化转型发展划分为初始、成长、稳健、优化和引领 5 个成熟度等级，并对观测点的相应等级特征进行描述，明确评价基准。他们从实践应用出发，提出一种操作性较强的中小学校教育数字化转型成熟度测度方法，以此刻画学校教育数字化转型发展的整体水平和持续改进方向。[④]

（二）中小学数字教育资源应用评价指标

黄琼珍（2010）认为，信息化教学资源绩效评价应包括资源投入成本、

① 田鹏,宋洁.中小学数字校园信息技术应用水平评估指标体系研究[J].中国电化教育,2016(9): 96-101.
② 祝新宇,曾天山.义务教育学校信息化发展状况监测指标研究[J].中国电化教育,2018(9): 56-60+80.
③ 邱相彬,李芮等.区域基础教育信息化发展评价指标体系设计与应用研究[J].湖州师范学院学报,2023(6): 110-116.
④ 许秋璇,吴永和,戴岭.中小学校教育数字化转型成熟度评价指标体系构建及测度方法[J].电化教育研究,2024(3): 62-69.

信息质量、教育科学性、资源的建设与共享、资源利用与服务、资源的获得、师生信息资源素养、技术支撑等方面的内容。[①]谢海波（2011）从使用者、管理者和开发者三个不同的视角，设计出了数字化学习资源质量评价的指标。使用者视角包括资源的易获得性、易操作性、共享性、可编辑性和可移植性；开发者视角包括资源的创新性、兼容性、知识性、艺术性、适用性、技术性和教育性；管理者视角包括资源的系统性、丰富性、组织性、准确性、高效性、安全性和稳定性。[②]万力勇（2013）提出数字化学习资源质量评价的指标体系，主要包括资源内容、资源组织形式、资源支持系统和资源使用绩效四个方面。使用绩效主要包括适量性、利用率和价值增值性等几个指标。适量性是指学习资源的数量和规模应该适量，避免信息冗余和资源重复建设；利用率是考察数字化学习资源效用的直接指标，主要涉及系统流量、点击率、用户登录次数、下载量、浏览时间等统计指标；价值增值性主要考察学习资源给学习者带来的教学效果和社会效益的总和。[③]陈伟玲、翁宁娟（2014）设计了中小学数字教育资源应用现状与需求调查问卷，包括使用数字资源的硬件条件、个人应用数字资源的能力和动机、在教学活动中使用数字资源的有关行为、资源应用存在的问题以及需求等内容。调查发现，数字教育资源已成为教师开展教育教学工作的重要手段，但在应用实践中，教师使用数字教育资源面临最大的三个问题，分别是"不能快速找到想要的资源""资源内容相对陈旧、更新迟缓"和"资源质量参差不齐，难以筛选"，这些问题影响了数字资源在教学中进一步发挥积极作用，制约了信息技术与教学的深度融合。[④]

杨海超、王红宝（2018）指出，优质教学资源已成为开放教育可持续发展的一个不可或缺的支持条件。同时，良好的评价指标体系是质量保障的基础。在一些微课程资源建设实践中，采用德尔菲法及层次分析法，定量与定

---

①　黄琼珍.信息化教学资源绩效评价研究[J].中国教育信息化,2010(5):27-30.

②　谢海波.高校网络教育资源评价的探讨[J].远程教育杂志,2011(4):60-64.

③　万力勇.数字化学习资源质量评价研究[J].现代教育技术,2013(1):45-49.

④　陈伟玲.翁宁娟对中小学数字教育资源应用现状与需求的调查分析[J].中国电化教育,2014(3):76-80.

性相结合，构建开放教育微课程资源建设评价指标系统，可提高开放教育微课程资源建设质量。① 李红燕、薛圣凡（2019）采用层次分析法（AHP）建立了由教学内容、教学资源、教学方式、教学效果和媒体技术 5 个准则层要素及方案层相应的 17 个指标构成的评价要点，并通过构造两两比较矩阵确定了指标权重，最终确立了数字化课程资源评价体系。②

吴砥、邢单霞等（2020）从拥有与学科配套的数字资源的学校比例、建有校本资源库的学校比例、开通网络空间的学校比例、开通学生网络学习空间的学生比例、开通教师网络学习空间的教师比例、接通省级教育资源公共服务平台的学校比例等方面评价数字教育资源。③ 刘洋、黄旭光、林毅君（2019）通过问卷调查法和访谈法，对山东省教学点的教师基本情况、教师信息化素养、资源应用情况和培训情况等进行了调查。结果显示，山东省教学点信息化教学设备配备情况良好，教师信息化素养较高，但仍存在优质师资力量不足，资源与教材版本、学制不匹配，资源类型不丰富等不足。④ 林毅君、杨非等（2020）指出，我国数字教育资源公共服务平台建设成效显著，从根本上转变了数字教育资源公共服务的模式，对网络学习空间的应用情况开始成为学校数字教育资源应用的一部分。数字教育资源，包括与文字材料配套的多媒体素材、数字学习内容、教学工具、软件系统及在线服务应用系统 App 等，主要通过空间为用户服务，提供了多样化资源，满足区域、学校和师生个性化的教育资源需求。⑤ 邓登明（2020）通过随机走访调查湖南 85 所农村中小学发现，当前农村教育主要存在环境相对落后、数字化教学资源匮乏、信息技术人才缺位、乡村师生信息技术素养薄弱等诸多问

① 杨海超，王红宝. 开放教育微课程资源建设评价指标体系研究 [J]. 云南开放大学学报，2018(3): 6-11+17.
② 李红燕，薛圣凡. 网络教育数字化课程资源评价体系研究 [J]. 中国成人教育，2019(1): 53-56.
③ 吴砥，邢单霞，阳小，卢春. 教育信息化指数构建及应用研究 [J]. 电化教育研究，2020(1): 53-59.
④ 刘洋，黄旭光，林毅君. 山东省"教学点数字教育资源全覆盖"项目资源应用现状研究 [J]. 现代教育技术，2019(4): 94-100.
⑤ 林毅君，杨非，张纲，张雪. 国家数字教育资源公共服务体系建设研究和实践 [J]. 中小学电教，2020(4): 15-18.

题，成为制约农村中小学利用数字资源实现教学变革发展的瓶颈和农村教育信息化进程中必须消除的数字鸿沟。[①]陈丝袄（2022）构建了中小学数字教育资源应用评价指标体系，包括学校数字教育资源的学科应用、学校数字教育资源的教学应用、学校数字教育资源的教师应用 3 个维度 10 个二级指标，通过定量测量对中小学数字教育资源应用的总体水平进行评分。[②]彭鲜（2022）提出数字教育资源适切性评价的概念，认为数字教育资源适切性评价是指数字教育资源的使用者、研究者、开发者或其他第三方机构对教与学过程中被教师或学生使用的数字教育资源适切程度的评价，主要是数字教育资源的内容选择、组织逻辑、呈现方式、工具支持、资源类型等方面与课程、学生、教师、应用环境之间的相互匹配、契合程度的测量与评估。同时他也构建了西藏中小学数字教育资源适切性评价指标体系，包括数字教育资源与学科课程的适切性、数字教育资源与学生的适切性、数字教育资源与教师的适切性、数字教育资源与环境的适切性四大维度。[③]

（三）学校信息化教学评价指标

刘晓琳（2018）构建了涵盖学习者属性创新、教师／促学者属性创新、学习内容创新、教学组织创新、学习资源创新、学习评价创新的信息化教学创新评价指标体系。[④]张喜艳等（2014）根据教育信息化的基本目的、绩效理论和实践以及考虑到农村学校在农村社区中的特殊地位和作用，确立了农村基础教育信息化绩效评估的价值取向——以人为本，是将人，即教育信息化的参与主体——学生、教师、校长和社区居民的愿望和要求作为教育信息化绩效评估的衡量标准，将校长、教师、学生和社区居民的利益和全面发展作

---

① 邓登明 . 农村中小学数字化教学资源应用现状调查与发展对策研究——以湖南农村中小学为例 [J]. 中国教育信息化 , 2020(16): 16-20.

② 陈丝袄 . 基于改进随机森林的中小学校数字教育资源应用评价研究 [D]. 华中师范大学硕士学位论文 , 2022.

③ 彭鲜 . 西藏中小学数字教育资源适切性评价研究 [D]. 西藏民族大学硕士学位论文 , 2022.

④ 刘晓琳 . 基础教育学校信息化教学创新评价指标体系研制：面向 2.0 时代 [J]. 中国电化教育 , 2018(12): 11-17.

为农村基础教育信息化建设评价工作的出发点和落脚点。[①] 郭伟刚等（2010）提出了一种基于投入产出的学校教育信息化绩效评价模型。该模型设计了5个一级指标、27个二级指标和74个三级指标，并给出了各级指标分值的计算方法，通过将这些指标分别设置为投入或产出，可以计算出学校的信息化绩效水平，并发现其中存在的问题。该模型综合运用问卷调查、实地考察、师生座谈、技能测试等手段来考察学校的教育信息化绩效各个指标，避免了单一方法所产生的片面性和不完整性。[②] 余胜泉教授（2005）认为可从以下6个维度对信息化教学开展评价：教学结构转变（"以教为主"转变为"以学为主"），学生情感体验（广泛参与度、积极情感投入、成就感获得），学生广泛认知范围，学生深层次认知体验，高阶创新思维培养，学科知识的有效应用。[③] 袁小红（2011）从学习时间（单位时间的学习质量）、学习效果（发生的变化、获得的进步、取得的成绩）、学习体验（学习感受、学习态度、学习信心）、学习发展（三维目标的提升、终身发展能力、师生共同发展）四个维度构建了信息化课堂教学有效性评价标准。[④] 田建林（2012）按照学生发展的基本规律，从认知发展（知识理解、知识迁移）、情感变化（学习满意度）和教学行为（教学结构、师生关系、课堂互动）三个方面构建了信息技术融入教学的有效性标准。[⑤] 管珏琪等（2015）认为信息化教学的学习结果包括：心理层面（如自我效能、学习体验等）、行为层面（如学习参与、学习互动等）和效果层面（如学习技能、测验成绩等）。叶晓文等（2006）指出，信息化教学绩效评价具有其特定的评价内容，包括教师的教和学生的学两个方面。信息技术环境下对教师的教的评价包括对教学目标、教学内容、教学策略、现代媒体资源、教学运作、教学效果等方面的评价；学生的学分为对

---

① 张喜艳,解月光,高嵩.以人为本：农村基础教育信息化绩效评估的价值取向 [J].中国电化教育, 2014(12): 55-58.

② 郭伟刚,李亚娟等.学校教育信息化绩效评价模型的设计和应用 [J].中国电化教育, 2010(4): 36-40.

③ 余胜泉,陈莉.信息技术与课程有效整合的基本特征 [J].中小学信息技术教育, 2005(4): 27-31.

④ 袁小红.高校信息化教学资源利用有效性研究 [J].中国电化教育, 2011(9): 90-94.

⑤ 田建林.信息技术融入课堂教学有效性的实验研究 [D].辽宁师范大学硕士学位论文, 2012.

学科知识的掌握、综合能力的提高、情感态度的转变和提高等方面。[①] 马鹤、解月光（2009）构建了小学数学信息化课堂教学评价量规，课堂教学过程阶段评价指标由信息化课堂教学效果、信息化课堂教学效率、信息化课堂教学效益和关系绩效四个一级指标组成。[②] 蒋立兵（2016）指出，信息技术教学应用的有效性是信息技术促进教学的有效性程度，具体是指教师在确保信息技术应用符合技术伦理、教学伦理的基础上，恰当地、合理地应用信息技术手段，发挥技术本身独特的功能和优势，在以尽可能少的教学投入达到预期教学目标的基础上，更好地培养学生适应信息社会的各种能力，同时使学生获得良好的学习体验。他还构建了信息技术教学应用有效性的评价指标体系，该体系由信息技术改进学习过程、信息技术优化学习结果、信息技术改善学习体验三个一级指标构成。信息技术教学应用的有效性评价不能仅仅从教师的教学行为来进行，还应该从学生的学习行为和学习结果来实施，即坚持"以学评教"的评价取向。信息技术的融入不单单给教学带来工具、技术上的变化，如教学手段先进性、教学环境现代化、教学资源数字化等；更重要的是信息技术让教学走向民主、平等、个性、交互、生成、多元等。[③] 刘晓琳、黄荣怀（2020）深入分析了基础教育信息化教学创新的六大核心要素，并遵照量表研制的一般流程开发了具有较高信度、效度的基础教育信息化教学创新的测量工具。[④] 信息技术支持、辅助教学只是信息化教学的表面特征，更深层次的是基于技术的个性化学习、创新人才培养及其教学模式的变革。

（四）中小学教师（校长）信息素养评价指标

吴景松（2007）把中小学校长信息素养评价指标划分为四个一级指标、十三个二级指标、二十八个三级指标，四个一级指标包括意识与态度、知识

---

① 叶晓文，李远韶，黄玉瑜，李谕昌. 对中小学信息化教学绩效评价的探讨 [J]. 中小学电教，2006(3): 30-33.

② 马鹤，解月光. 信息化课堂教学绩效评价研究——以小学数学课堂为例 [J]. 中小学电教，2009(9): 8-12.

③ 蒋立兵. 信息技术在中小学课堂教学中应用的有效性研究 [D]. 华中师范大学博士学位论文，2016.

④ 刘晓琳，黄荣怀. 基础教育信息化教学创新: 内涵、要素与测量 [J]. 现代教育技术，2020(1): 85-91.

与技能、应用与创新、社会责任。[1] 谢忠新、张际平（2009）提出的校长信息化领导力评价指标体系包括信息意识与信息技术能力，信息化决策与规划能力，信息化组织与管理能力，信息化评价与发展能力和学校信息化硬件设施，学校数字化教育资源，学校信息化人力资源。[2] 化方、杨晓宏（2010）认为，可从基本的信息素养、信息化系统规划能力、信息化应用指导能力、信息化管理评价能力、信息化规制建设能力、信息化沟通协调能力六个方面评价校长信息化领导力。[3] 张亚新（2023）从信息化设计能力、信息化组织实施能力、信息化教学变革能力、信息化评价能力、信息素养等维度评价校长的信息化领导力。[4] 李欣（2022）构建了学校管理团队信息化领导能力评价指标体系，包括政策理解力、信息化规划力、信息化整校推进和信息化教学评估力 4 个一级指标和 14 个二级指标。[5] 范媛媛（2007）通过对国内外数字素养内涵的研究，分析中小学教师数字素养所包含的各种因素，结合中小学教师的职业特征和发展需要确立了一套更为详细和完整的中小学教师数字素养评价指标体系，该体系包括 4 个一级指标、12 个二级指标及 12 个三级指标。其中一级指标分别为：信息意识、信息知识、信息能力、信息道德；信息意识包含信息重要性和信息应用意识 2 个二级指标；信息知识包含信息工具知识、信息检索知识和教育信息理论知识 3 个二级指标；信息能力包含信息获取能力、信息处理能力、信息应用能力、信息评价能力和信息交流能力 5 个二级指标；信息道德包含信息道德认知和信息道德行为 2 个二级指标。[6] 王杰（2015）构建了中小学教师数字素养评价指标体系，包括基础

① 吴景松.中小学校长信息素养评价指标体系建构概说 [J].教书育人，2007(23): 8-10.

② 谢忠新,张际平.基于系统视角的校长信息化领导力评价指标研究 [J].现代教育技术，2009(4): 73-77.

③ 化方,杨晓宏.中小学校长信息化领导力绩效指标体系研究 [J].中国教育信息化，2010(4): 7-10.

④ 张亚新.中小学校长信息化领导力评价指标体系构建研究 [D].石河子大学硕士学位论文，2023.

⑤ 李欣.学校管理团队信息化领导力评价指标体系构建[D].宁夏大学硕士学位论文，2022.

⑥ 范媛媛.中小学教师信息素养评价指标体系的研究与设计 [J].焦作师范高等专科学校学报，2007(3): 59-60.

性教师数字素养、应用性教师数字素养、发展性教师数字素养、保障性教师数字素养 4 个一级指标。其中，基础性教师数字素养包括信息意识、信息教育态度、信息技术基本知识 3 个二级指标；应用性教师数字素养包括信息获取、信息理解、信息处理 3 个二级指标；发展性教师数字素养包括灵活运用信息、社会交流、创建信息、信息评价 4 个二级指标；保障性教师数字素养包括信息道德和信息安全 2 个二级指标。[①] 桑格格（2021）建立了一套完整的中学教师信息素养评价体系（3.0），包括信息知识、信息意识、信息能力、信息伦理 4 个一级指标、13 个二级指标、30 个三级指标。通过对 56 名中学生物学教师调查结果进行统计分析，得到以下结果：中学生物学教师的信息素养表现水平处于中等偏上水平，但是在信息素养各维度表现不一致。其中信息伦理维度表现最好，信息意识维度表现最差。[②] 苏玉尖（2022）从数字教材的开发和运用视角构建了小学数学教师的信息素养评价体系：一是数字教材的开发意识：数学教师对数学信息化、智能化教学的认可和接受程度；教师对数字教材以及相关资源的敏感程度；教师对数字资源运用和融合的积极性。二是信息技术知识的储备：教师对互联网等信息技术基础知识的把握与了解程度；教师对信息源知识的搜集、归纳与吸收水平；教师对信息技术在教学中的处理策略。三是数字教材的运用能力：教师应用信息平台、特别是地方特色化教育信息平台的能力；教师将数字教材与课堂教学的融合能力；教师利用数字教材解决实际教学问题的能力；教师对数字教材的开发与拓展能力；教师借助数字教材优化教学策略的能力。四是网络安全道德水平：包括教师在开发和利用数字资源时对于网络安全的把握程度以及教师文明上网、文明用网的总体水平两个部分。[③]

　　2023 年 2 月，我国教育部在世界数字教育大会上正式对外发布了《教

---

①　王杰.中小学教师数字素养评价系统的设计与实现 [D]. 华中师范大学硕士学位论文，2015.

②　桑格格.中学教师信息素养评价体系的构建研究 [D]. 山西师范大学硕士学位论文，2021.

③　苏玉尖.基于数字教材背景下小学数学教师信息素养评价体系的构建 [C]. 深化技术融合应用·助力教育数字化转型——第七届中小学数字化教学研讨会论文案例集，2022-11-04.

师数字素养》行业标准。该标准以数字时代社会公众的基本数字素养需求为导向，将数字素养的构成要素（数字意识、数字知识、数字能力和数字社会责任）作为基础，结合教师的教学场景（如课堂教学、家校共育和协同教研）和教师的可持续发展需求，形成了教师数字素养评价指标体系的五大维度，即数字化意识、数字技术知识与技能、数字化应用、数字社会责任、专业发展。[①]

基于不同的理论模型和研究视角，中小学教育信息化水平评价指标各有特点。其中，有研究成果重点关注教育信息化的投入收益情况，如通过教育信息化得到教学科研成果转化所产生的经济效益与社会效益；有研究成果设计了教师满意度、学生满意度以及价值满意度的调查指标，可以收集和反映不同群体对教育信息化发展水平的评判；还有研究成果关注到了学习内容、教学组织、学习资源、学习评价等以课堂质量提升为内核的教育信息化评价。值得关注的是，相关研究已经开始建立教育信息化与教育教学质量提升的关联性，拓展教育信息化促进教育教学质量提升的途径。

第二节　中小学教育信息化水平评价指标体系建构

本节根据基础教育改革发展和人才培养的目标与任务，吸收国内外教育信息化评价已有经验，基于可靠的理论工具，结合样本学校信息化发展实证研究数据分析结果，完成了育人本位的中小学教育信息化水平评价指标体系建构与设计。

一　中小学教育信息化水平评价指标体系生成与优化

以下根据科学性、引导性、合理性和可操作性原则做出价值判断，生成和优化中小学教育信息化水平评价指标体系。

第一，基于文献研究、实证研究等方法以及对教育信息化发展趋势的精

---

① 牟艳娜.解读《教师数字素养》标准——专访标准编制组专家吴砥教授[J].中小学数字化教学，2023(8): 5-8.

准把握，建立中小学教育信息化水平评价指标要素库。

第二，在对抽样产生、来自全国不同区域的 350 位相关人员（其中，50 名主管教育信息化的中小学副校长、100 名学科教师、200 位中小学生）进行深度访谈的基础上，采用德尔菲法完成评价指标筛选，形成区域中小学教育信息化水平评价指标体系。

第三，组织教育及信息化研究领域以及地方教科研部门负责人共 20 位专家学者进行问卷咨询。本次德尔菲法的专家权威系数为 0.90，说明参与本次专家咨询的专家组成员具有较高的权威性。第一轮专家问卷咨询后，以评价指标重要性得分均值在 3.5 以上、变异系数低于 0.25 为筛选标准，删除不符合标准的评价指标，并结合专家组提出的修改意见，在充分论证的基础上完成指标体系的第一次筛选和修订工作。

第四，进行第二轮专家咨询。问卷结果显示，所有评价指标重要性的变异系数均在 0.00～0.16 之间，专家组对每个指标相对重要性的协调程度较高；协调系数为 0.61（显著水平为 0.01），专家组意见趋于一致，最终确定信息化设施与数字教育资源等 5 个一级指标、13 个二级指标以及 40 个三级指标（见表 4-3）。

表 4-3　中小学教育信息化水平评价指标及权重

一级指标	权重	二级指标	权重	三级指标	权重
信息化设施与数字教育资源 A_1	0.20	基础设施 B_{11}	0.20	网络多媒体教室占教室总数的比例	0.25
				每百名学生拥有教学用终端数量	0.25
				每名教师拥有信息化终端数量	0.25
				录播教室建设数量	0.25
		网络连通 B_{12}	0.30	无线网络是否覆盖学校主要教学场所	0.40
				班级带宽	0.30
				校园出口带宽	0.30
		数字教育资源 B_{13}	0.50	符合规范的数字资源总量	0.50
				名师网络课堂录制情况	0.50

续表

一级指标	权重	二级指标	权重	三级指标	权重
师生信息化素养 A_2	0.30	教师信息化素养 B_{21}	0.50	教师完成规定培训时数的比例	0.10
				教师更新信息化技能的频次	0.10
				多媒体信息技术教学大赛获奖情况	0.10
				能够利用各种数字教育资源的教师比例	0.15
				能够利用信息工具改变教学模式的教师比例	0.20
				具备利用信息技术实施个性化教育的能力	0.15
				多样性	0.10
				人机交互度	0.10
		学生信息化素养 B_{22}	0.50	使用各种信息工具辅助学习的学生比例	0.10
				使用各种数字学习资源辅助学习的学生比例	0.10
				利用信息技术实现学习方式转变的学生比例	0.30
				利用信息技术实现个性化学习的学生比例	0.30
				正确利用网络资源和数字学习资源的学生比例	0.20
应用服务 A_3	0.25	技术应用 B_{31}	0.40	信息技术在教育教学中的应用	0.35
				信息技术在师生评价中的应用	0.20
				师生网络学习空间活跃度	0.25
				用户活跃度	0.20
		互联互通水平 B_{32}	0.35	区域教育信息化管理平台的互联互通	0.40
				校际连通及资源共享	0.30
				家校连通及互动的内容	0.30
		试点创新及应用推广 B_{33}	0.25	学校特色创新产生的示范和带动作用	1.00

续表

一级指标	权重	二级指标	权重	三级指标	权重
保障机制 A_4	0.15	投入机制 B_{41}	0.50	教育信息化硬设施投入满足需要的程度	0.50
				重视信息化软实力建设的程度	0.50
		管理机制 B_{42}	0.20	管理机构职责和授权	0.40
				教育信息化制度建设的育人导向	0.60
		队伍保障 B_{43}	0.30	校长信息化领导力提升	0.50
				教师信息技术应用能力提升	0.50
信息安全 A_5	0.10	安全制度 B_{51}	0.50	完备的容灾方案和处理机制	0.50
				完备的安全管理制度	0.50
		安全防范 B_{52}	0.50	安全漏洞预警机制	0.50
				安全等级设置	0.50

二　中小学教育信息化水平评价指标体系赋权

本指标体系采用层次分析法确定评价指标的权重，通过召开专家论证会，邀请北京师范大学、中国教育科学研究院、西北师范大学以及教育信息化行政部门共 23 位专家学者为各项指标重要性进行评分，综合专家打分表构造判断矩阵，运用 Matlab R2010b 软件计算判断矩阵的最大特征值。经检验，判断矩阵 A，B1～B5 等均满足一致性检验，如表 4-4 所示。

表 4-4　一级评价指标和二级评价指标判断矩阵的一致性检验结果

指标	A	B1	B2	B3	B4	B5
λ_{max}	5.00	3.00	—	3.00	3.00	—
CI	0.00	0.00	—	0.00	0.00	—
CR	0.00	0.00	—	0.00	0.00	—

将判断矩阵最大特征值对应的特征向量正规化，正规化后得到的特征向量作为本层次评价指标对于其上一层评价指标的排序权值，即权重。计算完成各个层级中评价指标的权重如表 4-3 所示。

教育信息化水平是衡量教育现代化的重要指标。中小学教育信息化水平主要体现在以"个性化教育"和"个性化学习"为标志的"教"和"学"的两个方面，它对教育的促进作用表现为对教育效率以及师生个性化发展的贡献率。育人本位的中小学教育信息化发展水平评价指标体系为监测和评估基础教育信息化对教育教学的贡献率、客观反映基础教育信息化水平提供了科学、完整、易用的评价工具，有助于在实践层面促进信息技术与基础教育的有效融合，从而引导基础教育信息化软实力建设的正确发展方向。

第三节　中小学教育信息化水平评价指标内涵阐释

符合教育基本规律和教育发展方向，引导和规范教育信息化软实力建设，是育人本位的基础教育信息化水平评价指标的基本特征。

一　信息化设施与数字教育资源是中小学教育信息化水平评价的基础内容

随着教育投入的加大，基础教育信息化硬件设施得到很大改善，数字教育资源日渐丰富，从基础条件的角度考查信息化设施与资源情况，是反映基础教育信息化水平的重要方面。但是在指标设计时，弱化信息化设施本身，突出设施应用效率与资源建设质量，以期抽象掉信息化设施的"豪华程度"，可让经济发展水平不同的区域能在同一平台上比较。根据实地调研结果，"三通两平台"的持续推进丰富了学校的数字教育资源，但由于缺乏评价标准，学校在面对令人眼花缭乱的数字教育资源时往往无所适从。同时，学校自主开发的数字教育资源较为欠缺，在满足学生个性化需求方面仍存在短板。在此背景下，建立符合规范的数字资源评价标准尤为必要。因此，符合规范的数字资源总量、名师网络课堂录制情况等指标侧重对信息化设施应用与数字教育资源质量的考查。

案例 1：A 中学研制数字教育资源开发与引进评价标准

经过持续投入，A 校教育信息化硬件设施齐全，信息化教学设备先进，办学条件在全国处于领先地位。在教育信息化 2.0 时代，学校及时调整信息化建设方向，将软实力提升作为信息化建设的重点，并依据《教育信息化2.0 行动计划》《国家智慧教育平台数字教育资源内容审核规范（试行）》（教科信厅函〔2022〕22 号）等国家教育信息化政策精神，研制学校数字教育资源开发与引进评价标准，以评价推动和保障学校新一轮数字教育资源建设，为新时代学生全面而个性化发展提供更丰富多元的优质资源。

面对融合了文字、音频、视频、图片及动画等元素的海量数字资源，遴选适合学校育人特色的优质教育资源尤为关键。学校校长和教师充分意识到数字教育资源的开发、引进、使用和管理离不开育人本位的评价标准，数字教育资源要有助于师生个性化发展，为师生个性化发展提供便捷、高质量的保障。学校从可获得性、深交互性、服务性、可再生性四个维度，构建了学校数字教育资源评价标准，作为开发或引进数字教育资源的技术依据。同时，学校数字教育资源质量，也是评价学校教育信息化水平的重要方面。

第一，可获得性。可获得性是指全校师生无论在校内还是校外都能便捷获取数字资源，确保有学习需求的教师和学生都能够无障碍获取数字教育资源，促进优质资源让更多学生分享。教师可获得性表现为，通过优质数字教育资源的遴选、分析和评价，相关资源能帮助教师改进教学设计、提高课堂教学效率和提升课堂教学效果，教师满足学生个性化需求的能力得到提升；学生可获得性表现在，学生能够根据学习目标自主选择数字教育资源，在更多高质量教育资源的助力下，学生不仅更牢固地掌握知识点，更重要的是学会利用信息技术拓展学习资源，培养和提升信息筛选、评价、判断能力，从而实现自主学习、高效学习。师生对优质数字教育资源的可获得性对学校信息化基础设施提出了新要求，因此，对优质数字教育资源可获得性的评价还包括了信息化基础设施和网络环境，例如，网络多媒体教室的建设情况以及无线网络是否覆盖学校主要教学场所。

第二，深交互性。除了可获得性，深交互性是优质数字教育资源的重要特征，经过研究论证，学校将深交互性作为优质数字教育资源的重要标准之一。深交互性是数字教育资源与师生高质量互动的表现，要求教师根据学生核心素养发展需求不断更迭信息化教学内容，设计学生核心素养发展导向的教学流程，创设接近学生真实生活环境和认知水平的情境，选择适合学生核心素养发展的教学方法，促进教与学的深层次互动。例如，着力考察数字教育资源中的动漫、视频、图片等形式对师生高质量互动的贡献。在课后，通过数字教育资源的精准匹配，为不同层次学生针对性开展配套作业、练习、测试，及时获取学生通过数字教育资源学习所反映出来的有价值的教育信息，如学习存在的薄弱环节，知识点背后的思想方法掌握情况等，从而帮助教师及时调整教学策略，帮助学生提高学习效率和质量。

第三，服务性。信息化要精准服务于学生核心素养发展。数字教育资源质量的高低，取决于能否为学生核心素养发展提供有效支撑。无论是教材、作业、练习题等传统资源，还是数字教育资源，本质都是学生核心素养发展的素材，在服务学生核心素养发展的目标上是一致的。优质数字教育资源服务学生核心素养发展，首先，要考查学生学科核心素养发展情况。数字教育资源是否巩固和提高了学生对知识背后的学科思想方法的掌握情况，是否使他们学会利用优质数字教育资源拓展学习空间、实现跨学科学习，是否能够应用学科知识创造性解决复杂实际问题。其次，要考查对学生信息获取、信息判断、信息应用以及信息反思等信息素养的培养与发展情况。学生信息素养是优质数字教育资源利用的重要能力，如果学生不具备发现信息、利用信息的意识和能力，优质数字教育将成为"无用"或"闲置"的资源。因此，学校制定评价标准时充分考虑这一特点，将学生信息素养作为服务师生核心素养发展的重要方面，目的在于以评价标准引领学生提高信息素养、提高优质数字教育资源利用率、丰富学生数字教育资源学习体验。最后，要考查优质数字教育资源对学生分析、判断、创造等高阶思维发展的贡献。学生核心素养表现为文化基础、自主发展和社会参与等方面，高阶思维发展是学生核心素养发展的关键领域。因此，判断一个数字教育资源是否值得开发或引进，很重要的方面是看数字教育资源能否促进学生高阶思维的发展，尤其是批判性、创造性、逻辑性思维能力的提升。

第四，可再生性。优质数字教育资源不是一成不变的，而是开放的、可再生的。可再生性是学校优质教育资源的判断标准之一。可再生性意味着教师或学生成为数字教育资源的开发者、建设者、贡献者。在数字教育资源应用过程中，在信息化手段助力下，师生互动生成的资源成为课堂教学宝贵的资源，对学生核心素养发展、对教师反思改进教学都具有重要价值。当可再生性资源被捕获、发掘和利用时，教师信息化教学成就感自然会被激发，从而推动教师在不断反思教学、改进教学的过程中实现自我专业发展。

通过研制学校数字教育资源开发与引用评价标准，学校数字教育资源建设有了技术依据。在实践过程中，学校坚持从可获得性、深交互性、服务性、可再生性四个维度评判数字教育资源质量，作为是否开发或引进相关资源的主要依据，有力提升了优质数字教育资源满足师生个性化发展的能力，并从数字教育资源建设角度推动了育人本位的中小学教育信息化水平的提升。

二　师生信息化素养是中小学教育信息化水平评价的重点

教师信息化素养重在考查教师利用信息工具改变教学模式、利用信息技术实施个性化教育的能力。其中，多样性指教师应用教育信息化设施设备满足不同教学场景的需要以及在教学管理中应用教育信息化设施设备的多种可能性；人机交互度是指教师与多媒体设备的交互情况，是实现互动、产生效率的重要途径。教师信息化素养水平决定了教师能否有效获取优质教学资源、有效提升教学技能以及个性化指导学生的学习成长。学生信息化素养重点考查学生利用信息技术实现学习方式转变、利用信息技术实现个性化学习情况，引导学生借助信息技术手段促进批判性思维、创新思维等高阶思维的发展，促进学生借助信息技术更好地进行自主、合作、探究学习，有效发展知识获取能力、信息处理能力以及问题解决能力。学生信息化素养，不仅要求学生具备较为熟练的数字设备操作技能，还要求学生具备信息判断、甄别与应用的能力，更要求学生具有自主利用数字资源的意识和自我管理能力。师生信息化素养是个性化教育和个性化学习发展方向与质量的根本保障。

案例2：B小学学生信息素养监测与培养

为适应数字时代和未来社会的发展，学生不仅要掌握某种技能，更要学会高效学习、具备适应快速变化环境以及不断更新知识储备的能力。B校充分认识到学生信息素养培养并让这种素养融入学生日常学习生活中的重要性，依据《教育信息化2.0行动计划》《义务教育质量评价指南》探索构建具有自己学校特色的学生信息素养测评体系，通过学生信息素养常态化监测，发现学生信息素养在学生个性化成长过程中扮演的角色和作用以及存在的关键性问题，有针对性地发展学生信息思维、提升学生信息素养，以适应加速变化的社会环境。本案例针对小学六年级学生开展信息素养调查，共获取有效问卷182份，以下为学生信息素养表现的具体分析。

关于使用信息工具辅助学习，调查发现，53.5%的学生能利用信息工具获取自己想要的学习资源，还有较大比例的学生在学习过程中没有使用信息工具辅助学习。因此，学校有责任引导学生在学科学习中熟练运用信息技术工具，有效利用优质数字教育资源，通过信息科技课、科技节、综合实践活动、社团活动、信息技能大赛等途径，提升学生计算机操作、信息搜索、信息应用等必备能力；强调信息技术要服务于教学，把信息技术作为促进学生自主学习的认知工具、情感激励工具、教学环境的创设工具，在潜移默化中增强学生利用信息技术获取信息、分析评价信息和使用信息的能力，使学生能够借助信息技术更好地进行自主、合作、探究学习，提高信息技术对学生发展和教育效率的贡献率。在数字化环境下，面对技术带来的学习方式变革，主动积极运用新技术和多媒体辅助学习，是适应教育数字化发展趋势的必然选择。

关于使用数字学习资源辅助学习，60.2%的学生能利用网络或图书馆等公共资源解决学习中的难题。鼓励学生使用数字学习资源辅助学习，要求学校加大教育信息化软实力投入，加强数字教育资源的开发与管理，包括教学、课件实例与精品网络课程、电子阅览室和由科普、影视、动画、教学组成的电子图书馆等资源的建设，并通过校园网络平台、电子阅览室和多媒体设备提供给教师和学生，以方便教师和学生获得高质量的学习资源。

调查显示，能利用信息技术改进自己学习方式的学生占58.9%，仍有较大比例的学生不具备这样的技能。改进学习方式首先要学会反思自己的思考过程和方式，信息技术为学生反思提供更个性化、多样化的学习体验，为运用知识解决实际问题提供了可尝试的方案，有助于将优势学科的学习方式迁移应用到薄弱学科。倡导学生借助信息技术在学科学习之间以及跨学科学习之间建立联系，借助信息技术更多参与合作学习、探究学习以及项目式学习，在不断反思的基础上优化提升学习方式，实现知识的个性化建构，从而为创新做好知识储备。

调查显示，能利用信息技术实现个性化学习的学生比例为 35.3%，表明以信息技术促进学生个性化学习仍任重道远。个性化学习是学生根据个人特点建构有利于自身发展的知识方法体系和意义结构的自主学习方式，它是学生创造力发展的关键途径。知识和意义的建构需要满足学生个性化需求的丰富学习资源，教育信息化为丰富的学习渠道、海量的资源共享以及学习资源的低成本获取提供了成熟的技术。教育信息化对学生个性化学习的贡献还在于把情境教学植入课堂，让学生能够在真实的或模拟的情境中完成学习任务、解决实际问题、发展思维品质，并从中发现自身学习优势、找到有效的个性化学习策略。同时，教师利用信息技术，能够突破传统班级授课制的局限，实现对每个学生的有效关注，为学生个性化学习提供安全、信任、尊重、宽松的外部环境。

基于学生信息素养测评结果，学校着力引导学生强化信息意识，发展信息思维，提升应用信息技术解决学习和生活中实际问题的能力；加强课内外一体化的信息知识、技能和伦理教育，将学生信息素养纳入学生综合素质评价，引导学生注重信息素养养成；强化过程性评价，将评价嵌入教与学过程，将信息素养作为学科教学目标进行考查；落实信息科技课程标准，研发具有学校特色的校本课程，充实适应数字时代发展需要的人工智能和编程课程内容，培养学生利用信息科技解决实际问题的能力；加强信息伦理教育，引导学生自觉遵守相关法律法规，尊重他人信息隐私、知识产权、版权，合法获取和发布信息，引用信息时注明出处，并能自觉抵制信息违法行为，自觉抵制不良信息。

三 应用服务是中小学教育信息化服务"教"与"学"的基本方式

应用服务重点考查信息技术在教育中的应用表现以及学校对现有各类教育信息化系统、工具、资源的应用情况。应用服务主要包含技术应用、互联互通水平和试点创新及应用推广三个方面。信息技术在教育教学中的应用、在师生评价中的应用、师生网络学习空间活跃度、用户活跃度，都是指向应用效率与质量的重要指标；互联互通水平则是学校内部、学校与外部资源共享、相互协作的重要表现，是从封闭走向合作的通途，而合作是未来社会人们需要具备的核心能力。在学生个性化发展道路上，学校和家庭基于共同目标的努力才是高效率的，因此，信息环境下的家校互动就是要引导家长了解孩子、尊重孩子、支持孩子，帮助家长找到孩子的稳定兴趣和正确方向，引导家长认识到新型亲子关系、创新思维习惯、超越变化的学习力对孩子成长和发展的极端重要性，而且愿意为此做出改变、付出努力，积极提供资源。在实践中，部分学校不断探索创新，积累了信息化教学的成功经验，"试点创新及应用推广"重点考查学校教育信息化特色创新产生的内部动力和示范效应，以激发在教育信息化领域产出高质量的创新成果。

案例3：C校信息化教学评价体系建构与应用

为提高信息化教学效率和精准度、提升信息化教学水平，C校探索并构建了具有自己学校特色的信息化教学评价体系（见表4-5），包括教学目标、教学过程、教学方法、课堂文化以及信息化教研等关键维度，并在实践中深入应用这一体系，是对育人本位的中小学教育信息化水平评价体系的深化和拓展，对引领和推动育人本位的信息化教学新模式具有借鉴价值。

表4-5　C校信息化教学评价体系

评价维度	评价内容
教学目标	发展学生应对变化的学习与创新能力等关键能力。
教学过程	基于新知识与新方法，以开放式问题引导学生独立或合作思考； 通过项目学习、合作学习、探究学习等新型学习方式引导学生独立或合作解决问题； 通过描述或陈述思考和解决问题的过程与方式，引导学生在反思中不断提高元认知能力，巩固学习与创新成果。
教学方法	个体和小组活动； 借助信息技术开展合作学习、项目学习、探究式学习、混合式学习； 利用信息技术手段实现对每个学生的个性化关注。
课堂文化	倡导合作，容忍失败； 激发内在创新动力，鼓励创造性思考； 保持课堂活力，保护创新环境。
信息化教研	利用信息化、数字化手段创新教研方式，提升教研效率，促进教学创新。

　　为深入了解信息化教学成效，推动学校信息化建设朝着有利于学生核心素养发展的方向转变，依据学校信息化教学评价体系设计调查问卷，针对学科教师展开信息化教学评价问卷调查，获取有效问卷79份，相关信息化教学评价结果为教师信息化教学改进与创新提供了数据支撑。

　　在课堂教学中，61.5%的教师能借助信息化手段把教学目标向现实生活延伸，表明大部分教师在信息化教学中能够与现实生活紧密衔接。但是，有38.5%的教师借助信息技术促进教学内容与学生生活衔接的频次需要加强。核心素养导向的学科教学重在培养学生在复杂情境下的问题解决能力，使其能够适应飞速发展的信息化、数字化环境和复杂多变的未来社会。教师信息化教学活动应更加重视借助信息技术理解学科知识的意义连接及其向现实生活的延伸，为学生创造运用所学知识解决真实问题的情境和机会，从而更好地发展学生应对变化的学习与创新能力、沟通与合作能力等关键能力。

　　在课堂上，57.1%的教师能够将讲解知识的时间控制在20分钟以内，20分钟以上的占28.2%。新课程新教材背景下，教学的重心不再是灌输给学生知识，而是帮助学生去发现、组织和管理知识，使学生掌握知识背后的学科思想方法，教师要做学生学习活动的引导者、支持者、帮助者与合作者。信息化教学，旨在借助信息技术打破传统的"老师占据整个课堂、一味进行知识灌输"的教学模式，有效缩短教师讲解知识的时间，把更多的时间交给学生，为学生自主、合作、探究学习创造更多机会和条件。

　　课堂提问是激发和促进学生思维发展的有效手段。在课堂提问方面，8.9%的教师追求唯一答案或标准答案，以帮助学生掌握知识；67.3%的教师问"怎么办"，帮助学生找到解决问题的方法；89.6%的教师问"为什么"，帮助学生找到事物间的因果关系；77.7%的教师问"启发学生提出问题"，帮助学生发现和捕捉问题。数据表明，六成以上的教师喜欢提出"怎么办"之类的开放式问题，还有一小部分教师喜欢问指向标准答案的封闭式问题。开放式问题是指不用"是"或"否"来回答的问题，其目的在于探求事物发展背后的原因、从不同的角度思考问题、找出多种解决问题的方案，从而发展学生的思维水平。借助信息化手段多问"为什么""怎么办""启发式"问题，引导学生打开思路、发展思维，是教师信息化教学评价的重点。

调查显示，84.7%的教师采用教师发起提问的方式提高互动的质量；68.1%的教师采用学生发起提问的方式提高互动的质量；79.6%的教师采用小组活动的方式提高互动的质量；26.9%的教师采用项目学习的方式提高互动的质量。数据表明，大部分教师仍习惯采用教师发问或小组活动的方式提高互动的质量；而学生发起提问，特别是项目学习是弱项。信息化教学强调培养学生提出问题、分析问题和解决问题的能力，要求综合运用教师发起提问、学生发起提问、小组活动以及项目学习等方式，促进创新思维在师生、学生之间的互动中得以发展。

调查显示，81.3%的教师通过信息技术呈现学科思想方法以发展学生学科思维，73.8%的教师引导学生通过信息资源获取产生新"点子"来发展思维的流动性，91.2%的教师通过引导学生借助信息技术从不同角度思考问题来发展思维的灵活性，68.1%的教师通过信息反馈来发展学生元认知能力。数据表明，教师在发展思维的灵活性方面表现最好，发展学生元认知能力方面有待提高。元认知能力是对自我思维过程进行觉察、评价和反省的能力。元认知能力发展是创新能力发展的关键途径，是创新思维培养的根本目标。在信息化教学实践中，教师需要引导学生学会借助信息技术和资源反思自己的思考过程，不断改进思维方式，从而不断提高学生思维水平。

评价在学生创造力培养中具有重要作用，需要以信息技术手段为依托，综合运用发展性评价、表现性评价以引导学生思维发展的方向和深度。在课堂学习评价方面，仅有37.8%的教师能借助信息化手段及时表扬学习成就和思考成果，以保护学生的成长性。因而，教师还要加强利用人工智能、大数据分析等技术洞察学生学习行为表现，及时为学生提供信息反馈，并创设符合学生认知水平的情境和提出激发学生思维发展的关键问题，积极运用评价结果去促进学生的思维发展和个性成长。

在信息化教研方面，九成以上的教师表示信息化、数字化手段有助于提升教研效率，六成左右的教师认为信息化教学技能需要进一步提高；较大部分教师只是将信息技术作为呈现预设资料的方法，尚未真正实现信息技术与教育教学的深度融合。因此，在信息技术支持下，学校要深入探索跨区域、跨学段、跨学科教研，通过多种途径、多种形式引导教育教学从知识本位加快转向核心素养本位，而信息化教学能力是实现教育教学转变的关键。

四 保障机制是否健全决定着中小学教育信息化的可持续发展

保障机制主要包含投入机制、管理机制和队伍保障三个方面。经费投入是区域中小学教育信息化水平提升的基础性保障，包括教育信息化硬设施投入和软实力投入。其中，硬设施投入是指用于购买教育信息化硬件设施设备的经费投入；软实力投入是指研发或购买数字化教学资源、实施教师信息化技能培训、基于信息化的课堂教学改进等的经费投入；管理机制是区域中小学教育信息化规范化发展的制度保障，坚持育人导向的管理职能和授权是教育信息化制度建设的基本原则；队伍保障则指向与区域中小学教育信息化水平密切相关的校长信息化领导力和教师（含信息化专职人员）信息技术应用能力。

案例4：D市育人本位的教育信息化管理文化尚未形成

通过信息技术运用提高教育教学效率和质量是中小学教育信息化建设的核心。应用育人本位的中小学教育信息化水平评价指标体系，D市对本地区中小学教育信息化水平进行评价。结果显示，该地区在保障机制维度得分较低，表明该地区育人本位的教育信息化管理制度体系尚未建立，育人本位的教育信息化管理文化尚未形成。

育人本位的中小学教育信息化管理文化，是以信息技术为手段，以数据为支撑，以创新为动力，以协同为特征，以服务为导向，以促进学生全面而有个性发展为目标。调查发现，该市制定了教育信息化工作考核办法，明确了考核内容，但考核指标倾向于对教室网络终端设备、教师用电脑、网络使用费、校园网建设投资等硬件设施设备投入的考核；技术本位可能导致资源分配不均，加剧教育不公，使得经济条件较差的地区和学校在教育信息化进程中处于不利地位。在技术本位理念的支配下，学校盲目追求信息化硬件设施设备的升级换代，可能会对本不宽裕的办学经费造成新的挤压效应，对学校教育生态造成破坏性影响；过度追求量化评价，如投资额、学业成绩、点击率等，而忽视了教育的育人本质和学生的个性化需求。实地考察发现，学校教育信息化管理不规范，尚未建立与数字时代相适应的制度规范、标准体系、评价机制和保障措施，虽然倡导教师在课堂教学中应用多媒体设备、数字教育资源，但缺乏可操作性评价工具，导致教师疲于应对而未真正将信息技术应用到课堂教学改革创新中来。有教师在访谈中表示，学校教育信息化设施设备较为完善，在硬件方面能够保障信息化教学基本需求，但最关键的管理理念却不够先进，尚未建立以育人为本、以学习者为中心的思想观念，缺乏对信息技术的深入理解和创新应用，教育信息化还停留在以信息技术为工具、以信息系统为载体的传统模式，急需形成育人本位的教育信息化管理制度和文化。

基于测评结果，建议更新理念，梳理制度文本，构建育人本位的教育信息化管理制度体系，以推动育人本位的教育信息化管理文化尽快形成。首先，更新教育信息化管理理念，在教育信息化发展规划的设计和实施过程中，坚持以育人为本、以学习者为中心，始终将学生的全面发展和个人成长需求放在首位，根据师生实际需求选择和开发适合教学和管理的信息技术工具，构建数字时代更有利于释放孩子天性的教育新生态，避免盲目追求新技术。其次，构建育人本位的教育信息化制度体系，提升教师对信息技术的深入理解和创新应用能力，加强数据的规范管理和开放共享，加强信息系统的运维保障和安全防护，适应信息时代的教育发展趋势。最后，显化教育信息化管理效果，建立育人本位的教育信息化科学评估和持续改进机制，利用大数据分析、人工智能等技术，全面、精准地掌握教育信息化服务师生个性化发展的程度，及时发现和解决在技术本位惯性下忽视师生实际需求的问题，确保技术应用服务于学生的全面成长，不断提升信息化服务师生个性化发展的水平和质量。

五　信息安全是保障中小学教育信息化可持续发展的前置条件

信息环境中，数据是区域和学校最重要的资产，信息安全不仅关系信息资源的正外部性和可靠性，也关系信息资源的共享质量与效率。信息安全风险时刻存在着，例如外部不当资源入侵或内部资源被恶意滥用等，严重的甚至关系国家战略安全。随着在线教学成为一种常态，网络与信息安全成为衡量教育信息化水平的前置条件，没有信息化安全就谈不上信息化水平。因此，在指标设计中，信息安全包括安全制度和安全防范措施，指向是否有完备的容灾方案和处理机制、完备的安全管理制度、安全漏洞预警机制以及安全等级设置等信息安全指标。其中，容灾方案是指在遭遇灾害时为保证信息系统正常运行和防止数据丢失而采取的应对方案，区域或学校具备相应的容灾工具、技术与人员是保障信息安全的重要措施。

案例5：E中学教育信息化水平评价

E中学地处西部经济欠发达省份，在教育优先发展的指导思想下，学校办学条件得到很大改善，教育信息化设施设备相对齐全，校园网络满足基本教学需求。学校现有教学班25个，学生912人，教职工85人，有多媒体教室10个，计算机教室3个。此次研究应用育人本位的中小学教育信息化水平评价指标体系，对该校教育信息化水平进行评价。结果显示，学校教育信息化水平得分85分，表明学校教育信息化水平较高，信息技术服务师生个性化发展的成效较显著。

第一，信息安全维度得分高。调查发现，学校始终将信息安全放在首位，积极创建和谐健康的网络环境，提高教师、学生以及家长对信息化教学的信任感，鼓励教师持续接受新思想、新技术、新方法，并遵循国家有关信息安全等级保护制度，建立健全完善的信息安全管理制度，采取有效技术措施保障信息系统的安全运行和数据的安全存储、传输、使用，防范网络攻击、数据泄露、信息篡改等安全风险。该校定期开展信息技术安全评估，及时部署防火墙、入侵检测、数据备份、加密认证等技术手段，全面监测和保护学校网络、系统、数据。每学期开展网络课程、讲座、竞赛、演练等信息安全教育培训活动，普及信息安全的基本知识和规范，引导教师、学生正确使用信息技术，自觉维护数字信息安全，避免技术的误用和滥用。

第二，信息化设施与数字教育资源维度得分较高。2022年，学校投入信息化建设专项经费150万元，升级了计算机、多媒体、大数据、人工智能和网络通信等信息化教学设施。数据显示，多媒体教室占教室总数的比例达 30%，计算机配置生机比 7∶1，师机比 1∶1，校园网总出口带宽 300（Mbps)，图书室 1 个，网络学习资源库 1 个，网络学科备课资源库 1 个，无线网络覆盖学校主要教学场所。学校充分评估信息化资源分配情况，确保每个教室具备必要的信息技术设备，并有效利用数字教育资源，定期维护和更新信息化设备以保持其性能和先进性，同时收集使用反馈，不断优化设备配置。评价结果表明，学校信息化教学设施设备利用率高，学校教师能够充分利用本地智慧教育云平台教育资源改进教学，信息化设施与数字教育资源能够满足信息化教学的基本需求。

第三，师生信息化素养维度得分较高。师生信息化素养是教育信息化水平的关键软实力。学校重视教师信息化素养提升，每年开展不少于 60 学时的信息技术应用能力培训（其中网络研修与实践应用各 30 学时）。通过培训研修不断增强教师信息化教学的意识、能力和责任感，使他们能够适当利用数字技术获取、加工、使用、管理和评价数字资源，帮助教师借助信息技术发现、分析和解决教育教学问题，优化、创新教育教学活动。鼓励教师采用翻转课堂、项目式学习等教学方法，更好地与新技术相结合，提高学生的参与度和学习效果；学校重视学生信息化素养提升，利用信息化手段支持学生的个性化学习，提高学生学习效果和质量，引导学生充分利用信息化设备进行学习和研究，培养学生的自主学习能力。通过开展学生感兴趣的科技活动和创新项目，引导学生主动使用信息化设备完成作品设计、资源获取与产品制作，培养他们的自主学习能力、动手操作能力和创新创造能力。

第四，应用服务维度得分较高。调查显示，尽管该校信息化设备不是最先进的，但学校开发了能够有效支持教学活动的教学应用和资源，课堂教学效率得到提高，师生互动频次得到增加，学生课堂参与度得以提升。首先，以信息化教学手段促进师生高质量互动。借助信息化教学设备促进教师的角色从传统的知识传递者转变为学习引导者，更好地关注学生应答、读写、举手、听讲、生生互动等学习行为，课堂互动更频繁、更个性化。研究表明，当教师鼓励和支持学生使用数字技术进行探究式学习时，学生会独立思考如何通过不同的途径和方式来解决现实生活情境中的问题，进而促进以解决问题为导向的探究式学习。例如，通过数字化教材、在线学习平台、在线讨论等方式进行教学互动，学生更积极地参与课堂学习。该校学生表示，以前的课上，不懂的地方就放过去了，自己不好意思问老师，但现在可以发在讨论区，及时得到老师或同学们的解答。其次，以信息化教学手段提升教师教学反思力。教师通过教室录播系统，可以对自己的课堂教学板书、巡视、讲授、师生互动等多方面进行回顾，通过课堂教学行为数据分析为改进教学提供数据基础。在人机合作、人机协同的支持下，教师课堂教学反思的途径更多元，教学反思与改进能力得到有效提升。最后，以信息化教学手段培养学生核心素养。调查发现，该校每学期都会举办各种信息技术教育活动，如电脑制作大赛、创新实验大赛、科技节、项目式学习周等系列活动，为学生创设使用信息技术解决现实问题的真实环境。该校借助翻转课堂、微课等信息化教学方式，提高学生的学习兴趣和参与度，压缩传授基本知识的时间，将更多时间用于发展学生学科的核心素养，即知识背后的学科思想方法、高阶思维、互动合作以及社会情感，培养学生"带得走"的终身发展能力。

第五，保障机制维度得分高。借助现代教学技术进行课堂教学创新，以增强教学效果，成为校长和老师的共识。信息化教学创新是每学期工作计划中的重点工作，对信息化教学提出明确目标，为目标实现提供全方位保障。近年来，学校领导班子遵循育人本位的教育信息化建设思路，明确提出以"育人本位 注重应用"作为信息化教学创新的突破口和切入点，鼓励教师根据教学需要开展计算机辅助教学的改革和实验，以育人成效检验信息化水平。学校有专职信息技术教师1人，积极为其参加各级培训研修创造条件，吸取适用的经验并注重整合、反思，有效保障了学校信息化教学设备、资源平台的更新维护和高效利用。制定信息化教学考核标准，开展信息化教学评比活动，信息化教学情况纳入年终综合考核，引导全校教师人人能运用现代化教学手段上课，尽可能多地利用信息化教学软件进行辅助教学。学校语文老师表示，通过多媒体教学，学生更容易理解课文中的抽象概念，如作者的情感、历史背景等，从而提高了学生的阅读理解能力；借助ChatGPT辅导学生的作文写作，引导学生批判性地反思ChatGPT给出的写作反馈，学生在互动中习得正确、得体的语用表达，促进了认知能力发展。数学老师表示，利用多媒体教学，学生可以更直观地理解数学公式和概念，几何图形的组成、函数的图像等，更有利于激发学生学习数学的内在兴趣和动力。

该校即便在设备条件一般的情况下，依然能通过各种方式充分发挥信息化设备的作用，为学生创造良好的学习环境，促进学生学习效果的提升，实现为学生学习赋能的根本目标。加强教育信息技术在学校教育中的应用，不仅需要充分激发学生主动使用数字技术进行适应性学习的自主意识，还需要师生共同探索与数字世界相适配的探究式学习，以信息化推进学校教育改革和新课程实施的进程，从而构建激发学生自主探究学习的安全智能教育生态系统。

第五章

中小学教育信息化水平评价指标
检验与测评实践

育人本位的中小学教育信息化水平评价指标体系，为监测和评估教育信息化对教育教学的贡献率，客观反映教育信息化水平提供了科学、完整、易用的评价模型和评价工具，有助于在实践层面促进信息技术与基础教育的有效融合，从而引导基础教育信息化软实力建设的正确发展方向。

第一节　中小学教育信息化水平评价实证研究及其发现

在构建中小学教育信息化水平评价指标体系的基础上开展实证研究，通过检验指标体系的科学性和适用性，有助于拓展区域基础教育信息化水平评价的创新实践，推动我国基础教育信息化融合与创新发展。

一　中小学教育信息化水平评价重点关注教学活动中的师生主体

研究显示，师生在课堂中应用信息技术的能力与学校信息化发展的综合水平高度相关。日本一项课堂信息技术应用相关的调查研究报告显示，所有参与调研的学生中，在学习过程中使用信息技术越频繁的学生，在实际生活中解决问题的能力越强。教师使用信息技术的能力不仅能够保证学校层面的信息化应用情况，也有助于培养学生的信息技术能力，同时对教师自身的职业发展也有较大的影响。[①]2018 年，国际学生评估项目（PISA）结果显示，欧洲许多低收入家庭无法使用计算机。欧盟统计局（Eurostat）从 2019 年开始收集的数据显示，整个欧盟范围内使用宽带访问互联网的情况差异很大，可使用宽带访问互联网的低收入家庭和高收入家庭分别为总数的 74% 和 97%，欧盟五分之一的年轻人未能达到基本的数字技能水平。[②]

我国中小学教育信息化水平评价也非常注重对师生主体的评价，主要表现在对师生信息素养能力的评价，具体如下：

一是对中小学教师信息素养能力的评价。如新冠肺炎疫情期间，有学者针对我国大规模在线教育的中小学教师信息化能力进行测评后发现，我国教师对自身信息技术水平的评价总体上积极正面，这说明他们对使用信息技术具有信心，但同时也存在地区、教龄和教学效果上的差异。在地域上存在显著的城乡差异，城市教师的信息技术能力自评显著高于乡镇教师（与此结果一致的研究有熊盛豪 (2019)、杨福义 (2017)）。但也有研究认为，城市与乡镇教师的信息化教学能力无明显差异[③]。在学段上，信息技术能力自评分从高到低分别为高中教师、小学教师、初中教师。教师信息技术能力自评均值随教龄段的增加而递减。何文涛（2022）的研究也认为教师的信息化教学能力随年龄增长呈递减趋势。对于在线教学效果，教师们除对技术支持的效果持中立偏正面的评价外，对总体教学效果与学生学习动力的评价都是中立偏负面。城市教师对在线教学的整体效果、学生学习动力、技术支持效果三个方面的评价均显著高于乡镇教师。其中，城市教师对在线教学总体效果的评价是中立的，而乡镇教师持偏负面的评价。从教龄来看，教龄在 1～5 年和 6～10 年的教师群体对在线教学效果评价最高，包括总体效果、学生学习动力和技术支持效果。这两个群体是唯一对在线教学总体效果持中立态度的。相反，教龄在 16～20 年、21～25 年和 25 年以上的教师在这三个方面的评

---

① 李枞枞. 基础教育信息化发展水平评估研究 [D]. 华中师范大学博士学位论文，2018.

② 王文礼, 吴伟伟. 面向数字时代重置教育和培训——欧盟《数字教育行动计划（2021-2027）》的要点和启示 [J]. 中国教育信息化，2022(4): 24-34.

③ 何文涛, 庞兴会, 朱悦, 等. 人工智能时代中小学教师信息化教学能力发展现状与提升策略 [J]. 现代教育技术，2022, 32(3): 92-101.

价显著低于其他群体，并且在技术支持效果方面持中立或偏负面态度。[1] 此外，还有实证研究对中小学不同学科的教师信息素养能力进行了实证评价，如中学数学教师信息化能力评价[2]、编程教师的信息化教学能力[3] 等。

从现有研究来看，影响教师信息素养能力的原因主要是教师自我效能感不足，技术教学应用培训与教师学科教学融合不紧密，技术培训教育体系和课程的不足，教师缺乏时间和合适的资源，对技术的抗拒和恐惧等。

二是对中小学学生信息素养能力的评价。我国对学生信息素养能力的评价在借鉴国外学生信息素养评价的经验与框架的基础上逐渐开展，注重评价价值取向的多元化，从教学者和学习者双重视野研制学生信息素养评估标准[4]，综合采用多种评价方法制定学生信息素养能力评价方法论框架。[5] 现有研究从实证层面对小学四五年级学生的信息素养能力进行分析后发现，从整体水平看，小学四五年级学生已具备一定的信息素养，整体处于中等水平，但各维度发展并不均衡。他们在信息意识与态度、信息社会责任方面的表现较好，信息知识与技能方面次之，而信息思维与行为的表现较差。这表明大部分小学生的信息意识与态度已初步形成，对信息具有较敏锐的关注力与判断力，了解并能遵守网络道德行为规范与法律法规，基本掌握信息科学及技术的相关概念、原理及技能。在个体层面，小学四五年级学生信息素养在性别与年龄方面都呈现显著差异。从年级来看，小学五年级学生信息素养及各维度得分均显著高于四年级学生。这表明信息素养的发展是一个循序渐进的过程，随着年级及知识学习、认知水平的增长，信息素养也会对应得到提升。在性别差异方面，小学男生在信息思维与行为方面比女生表现较好，而小学女生则在信息意识与态度、信息知识与技能、信息社会责任方面得分均

① 孙妍妍，吴雪琦，王超，等.中小学教师信息化教学能力调研[J].开放教育研究，2021, 27(1): 84-93.
② 韩林锋.中小学数学教师信息化教学能力测评模型研究[D].广西师范大学，2024.
③ 张继玉，吴兰岸，王卫璐.中小学编程教师信息化教学能力现状及其对策——以教育欠发达地区为例[J].教育信息技术，2022, (5): 49-52.
④ 朱莎，吴砥，石映辉，等.学生信息素养评估国际比较及启示[J].中国电化教育，2017(9): 25-32.
⑤ 王俊丽.学生信息素养评价的方法论研究[J].图书馆杂志，2020, 39(4): 92-101.

值显著高于男生。在学校层面，城区、镇区、乡村学校学生的信息素养及各维度具有明显差距。乡村及偏远地区的学生信息技术操作能力普遍低下，部分学生甚至还面临不会输入名字、不会上网查找及下载资料的窘境。[①]

此外，学者对影响学生信息素养的影响机制也做了相关研究，提出了影响学生信息素养能力的多重指标体系。如采用解释结构模型 (ISM) 和层次分析法 (AHP) 相结合的技术方法，在文献研究的基础上，通过专家调查收集数据，逐步形成信息素养影响因素的多层次结构，并确定各层级因素权重，最终获得影响因素模型。主要影响因素如下：一是环境因素。主要包括资讯宣传建设、社会经济环境的社会环境，家庭支持、经济状况、资源媒体的家庭环境，学校政策支持、多媒体设备、资源建设的学校环境。二是教师因素。主要包括教师敏感度、教师价值认识、教师信息意识，教学策略、多媒体使用的课堂教学。三是学习者因素。主要包括资源管理、策略元认知策略和认知策略的学习策略、内外部学习动机以及学习者敏感度、学习者价值认识、学习者应用认识的学习者信息意识等。

现有有关中小学教师和学生信息素养能力的评价结果表明，虽然我国中小学教育信息化水平硬件建设取得了一定的发展，但其软实力水平还亟待提高。

二　中小学教育信息化水平评价指标构建及应用研究成果丰富

近年来，中小学教育信息化评价指标构建及应用研究受到政府、学校和研究者的广泛关注，取得了较为丰富的研究成果，这些研究成果为基础教育信息化软实力建设提供了更多理论和技术依据。有研究发现，高中学生信息化应用水平较高，教学点信息化应用水平却偏低；基础教育信息化应用水平与当地经济发展有一定相关性；城乡基础教育信息化应用水平差距较大，发展不均衡。针对这些问题，有学者提出了增加教学点资金投入、提升少数民

[①] 余丽芹，索峰，朱莎，等．小学中高段学生信息素养测评模型构建与应用研究——以四、五年级学生为例 [J]. 中国电化教育，2021(5): 63-69+101.

族地区的教师信息化应用能力、缩小城乡间数字鸿沟的政策建议。[①]

为提高教育信息化评价的科学性，定性与定量相结合的赋权法成为新方向，层次分析法、模糊综合评判法、结构方程模型等方法被广泛应用。徐显龙等（2016）采用 AHP 方法，确定了基础教育信息化就绪指标权重，并对上海市某中学进行调查，结果显示，该校教育信息化处于中等水平（就绪指数 =0.72）。[②] 曹培杰、梁云真（2019）基于基础教育信息化融合指数模型，对 605 份 "中小学教育信息化融合度调查问卷" 的数据进行统计分析，结果显示：基础教育信息化融合指数平均得分为 66.61 分，表明样本学校的信息技术与教育教学达到基本融合，但尚未实现深度融合，未来还有很大的发展空间。[③] 该模型采用定性和定量相结合的评价方法，在一定程度上消融了数据易得性和评估科学性的分歧，实现了对基础教育信息化融合水平的有效评价，为基础教育信息化的融合创新发展评价探索了适用的新工具。

基于信息化教学创新的视角，刘晓琳、田维莲、张立国（2019）从教师 / 促学者属性创新、学习内容创新、学习资源创新、教与学组织创新和学习评价创新等 5 个维度，对陕西省基础教育信息化教学创新水平进行了测评。数据显示，陕西省基础教育信息化教学创新总体平均水平为 2.70。[④] 该研究基于实证结果得出 "陕西省中小学总体信息化教学创新属于初步发展阶段" 的结论，明确了信息化教学创新存在的问题与挑战，例如 "教师 / 促学者属性创新" 和 "学习资源创新" 水平相对较低，为教育信息化 2.0 时代西部地区基础教育信息化教学创新的加快推进提供了实证依据。李晓雪、黄斌（2019）运用灰色关联度分析对四川省 6 所学校的信息化水平进行综合评价。结果显示，不同地区、不同办学层次的学校之间的信息化程度有

①　张屹，白清玉等 . 基础教育信息化应用水平实证测评模型及差异分析——以 X 省为例 [J]. 电化教育研究 , 2015(3): 34-40+95.

②　徐显龙，孙妍妍，吴永和 . 教育信息化就绪指数研究 [J]. 开放教育研究 , 2016(5): 86-94.

③　曹培杰，梁云真 . 基础教育信息化融合指数模型的设计与验证——基于 605 份 "中小学教育信息化融合度调查问卷" 的分析 [J]. 现代教育技术 , 2019(11): 19-25.

④　刘晓琳，田维莲，张立国 . 基础教育学校信息化教学创新区域评估及提升策略——基于陕西省的调研 [J]. 现代远距离教育 , 2019(5): 86-91.

一定的差距，大多数学校在信息化人才队伍、信息化保障体系方面存在明显不足。[①] 该研究将二级指标细化为高级（A）、中级（B）、初级（C）三个等级并进行了界定，由此解决了等级判定时的模糊性问题，降低了对评价者主观决断与经验的依赖，评价结果更具说服力。万昆、任友群（2020）研究构建了中小学教师信息技术应用能力模型、校长信息化领导力模型、学生信息素养模型，采用 AMOS 软件进行验证性因子分析，得到教师应用信息技术优化课堂教学、转变学习方式二阶因子标准化路径，校长信息化领导力二阶因子标准化路径，学生信息素养二阶因子标准化路径，对有针对性地提升校长信息化领导力、教师信息技术应用能力以及学生信息素养具有重要现实意义。[②]

综上所述，在构建中小学信息化水平评价指标体系的基础上，研究者相继开展了一系列指标应用的实证研究，得出了具有实际指导价值的研究成果。已有研究表明，我国中小学信息技术与教育教学融合处于初级阶段，实现信息技术与教育教学的深度融合是中小学教育信息化建设的战略目标，师生信息素养不高成为制约基础教育信息化融合创新发展的关键因素。在样本选择方面，已有研究大多集中在中西部地区，但对涵盖东中西部地区的实证研究相对较少。本研究通过验证性因子分析，对育人本位的中小学教育信息化水平测量工具进行了结构效度检验，并结合指标权重，采用简单线性加权法对抽样中小学教育信息化水平进行评价，为教育信息化 2.0 时代的信息技术与教育教学深度融合、更好服务师生发展提供了更多的实证依据。

第二节　育人本位的中小学教育信息化水平评价指标检测

育人本位的中小学教育信息化水平评价指标体系是一种理论模型。该体

[①] 李晓雪，黄斌 . 基础教育信息化综合评价研究——以四川省 6 所学校为例 [J]. 中国教育信息化，2019(24): 1-5+10.

[②] 万昆，任友群 . 基础教育信息化发展调查研究——基于江西省 W 县的调查 [J]. 开放教育研究，2020(1): 90-99.

系为明晰各测量工具评价指标之间的关系和结构，基于可靠的样本数据，采用验证性因子分析、组合信度、平均方差提取值以及相关系数等方法进行检验。

一　育人本位的中小学教育信息化水平评价指标验证

（一）测量工具

基于育人本位的中小学教育信息化水平评价指标体系，本研究设计了针对学校、教师和学生的"中小学校教育信息化发展水平调查问卷"。学校问卷以中小学校负责信息化工作的管理者（校长、分管副校长和信息中心主任）为研究对象。

（二）数据采集

2020 年 11 月至 2021 年 1 月，本研究通过在线系统填报的方式开展并完成了中小学教育信息化水平测量问卷调查。考虑到我国区域之间、城乡之间和学校之间的差距，抽样设计采用分层整群抽样，共抽取 3 个省中 3 个城市的 215 所公立中小学校作为调查对象。

具体方法是：首先，确定样本区域和城市，抽取东部经济发达东部地区的 A 市和 B 市以及中西部地区的 C 市。入选城市的义务教育生均预算内经费、教育信息经费投入等指标基本居于所在省的中等及以上水平。随后在 A 市、B 市和 C 市进行分层抽样，分市区、县城和农村选取中小学校，覆盖各学段的优质校和普通校。最后，对每所学校进行班级整群抽样。本次问卷调查共发放了 215 份问卷（每所学校填一份），最终收回有效问卷 215 份，有效率为 100.0%；发放了 6 200 份教师问卷，最终回收有效问卷 5 981 份，有效率为 96.5%；发放了 65 000 份学生问卷，最终回收有效问卷 64 059 份，有效率为 98.6%。据此对区域中小学教育信息化水平评价模型进行验证与分析。

（三）数据处理

本研究的变量数据类型有两种：一是连续变量数据，如网络多媒体教室占教室总数的比例、每百名学生拥有教学用终端数量等；二是李克特四级量表形式的等距变量，如具备利用信息技术实施个性化教育的能力（设"非常符合""符合""不符合""非常不符合"四个选项）。本研究使用验证性因子分析对构建的中小学教育信息化水平评价指标进行验证，考虑到实际评价和因子分析的数据要求，将连续变量的数据按照等级标准（前 25% 的数值为 4、后 25% 的数值为 1）转换为四级形式的定距变量数据，以实现不同类型数据的统一。同时，为保证分析过程的科学性，针对个别缺失值，本研究采用 SPSS19.0 软件中的"序列均值"对数据进行缺失值处理法进行插补处理。

（四）验证性因子分析

关于评价指标体系的结构效度，本研究检查了拟合评价绝对指数、相对指数和残差测量，具体对卡方指数（Chi-square）、近似误差均方根（RMSEA）指数、非规范拟合指数（NNFI）、比较拟合指数（CFI）、标准化残差均方根（SRMR）等 5 种拟合指数进行分析。研究发现，尽管个别量表的个别拟合指数略低于评价标准，包括信息化设施与数字教育资源的 NNFI 和 CFI 分别只有 0.74 和 0.76，保障机制量表的 RMSEA 为 0.12，卡方指数值也比较大，但其他拟合指数都符合拟合评价标准。此外，每个量表的 SRMR 都在 0.08 以下，并且每个量表至少有 2 个拟合指数达到了拟合标准。为了尽量保持原观测点的题项，本研究针对信息化设施与数字教育资源、应用服务、保障机制、信息安全的测量工具不再做删减处理。

数据显示，师生信息化素养问卷的效度有提高空间。对此，本研究分别随机抽取一半教师问卷和学生问卷进行探索性因子分析，据此删减和修正了量表题目。另一半教师问卷和学生问卷进行验证性因子分析，研究表明修正后量表的信度和结构效度指数基本达到标准。另外，各测量工具的指标因子观测指标的因子载荷值均大于 0.7，临界比率均大于 1.96，且均在 0.05 水平上显著，各测量工具均通过结构效度检验（见表 5-1）。

表 5-1 中小学教育信息化水平评价体系的效度系数 ①

测量工具	样本 （测量对象）	结构效度						修正 / 原 观测题数
		因素	卡方 /df	RMSEA	NNFI	CFI	SRMR	
信息化设施与数字教育资源	215 （学校）	3	1.14	0.08	0.74	0.76	0.06	15/15
师生信息化素养	5981 （教师） 64059 （学生）	2	1.09	0.07	0.85	0.87	0.05	14/21
应用服务	215 （学校）	3	1.31	0.05	0.96	0.93	0.03	9/9
保障机制	215 （学校）	3	2.05	0.12	0.91	0.82	0.05	11/11
信息安全	215 （学校）	2	1.27	0.08	0.78	0.87	0.06	4/4

　　本研究进一步分析各测量工具的克隆巴赫系数②，当保持原量表题项时，信息化设施与数字教育资源、师生信息化素养、应用服务、保障机制、信息安全等量表的信效度表现都较好。其中，克隆巴赫系数在 0.71～0.80 之间，在可接受的范围内，说明中小学教育信息化水平评价测量工具符合信度评价要求（见表 5-2）。

表 5-2 各测量工具的克隆巴赫系数

指标名称	信息化设施与 数字教育资源	师生信息化素养	应用服务	保障机制	信息安全
alpha	0.80	0.71	0.76	0.72	0.74

---

　　① 拟合评价绝对指数：卡方 /df 一般要求介于 1～2 之间；RMSEA = Root Mean Square Error of Approximation（近似误差均方根）一般要求低于 0.10。拟合评价相对指数：NNFI = Non-normed Fit Index（非规范拟合指数）一般要求大于 0.90；CFI = Comparative Fit Index（比较拟合指数）一般要求大于 0.90。残差测量：SRMR = Standardized Root Mean Square Residual（标准化残差均方根）一般要求小于 0.08。

　　② 一般认为，Cronbach's Alpha 值在 0.80 以上表示非常好，在 0.60～0.80 之间表示较好，低于 0.60 时表示不可信。

（五）聚合／区分效度检验

本研究分析各测量工具的聚合效度和区分效度，以信息化设施与数字教育资源测量工具为例，分析其各指标因子的因子载荷、组合信度（Composite Reliability，CR）、平均方差提取值（Average Variance Extracted，AVE）以及相关系数，如表 5-3 所示。

表 5-3　信息化设施与数字教育资源测量工具聚合／区别效度分析结果

变量	因子载荷	CR	AVE	基础设施	网络连通	数字教育资源
基础设施	0.72～0.804	0.84	0.57	（0.76）		
网络连通	0.73～0.824	0.83	0.62	0.60**	（0.79）	
数字教育资源	0.72～0.767	0.71	0.55	0.42**	0.37**	（0.74）

注：对角线括号内数字为 AVE 的平方根。

信息化设施与数字教育资源测量工具各题项的因子载荷值良好，各指标因子的 CR 值均在 0.70 的标准之上，AVE 值也达到了 0.5 的标准。此外，各指标因子之间存在显著相关，表明该测量工具具有较好的聚合效度；指标因子的 AVE 值的平方根均大于该指标因子与其余指标因子的相关系数，表明该测量工具具有较好的区分效度。上述结果表明信息化设施与数字教育资源测量工具具有较好的聚合效度和区分效度。[①]

师生信息化素养、应用服务、保障机制和信息安全等测量工具的聚合效度和区分效度的检验结果显示，各测量工具的 CR 值、AVE 值均达到标准，且 AVE 值的平方根均大于指标因子间的相关系数，表明各测量工具具有较好的聚合效度和区分效度。

二　育人本位的中小学教育信息化水平抽样测评结果

根据各指标权重的计算结果，本研究采用简单线性加权法，得出中小学教育信息化水平得分，以及信息化设施与数字教育资源、师生信息化素养、应用服务、保障机制、信息安全等五个评价指标维度得分。

---

① 吴明隆 . 结构方程模型——Amos 实务进阶 [M]. 重庆：重庆大学出版社，2013. 79-80.

（一）中小学教育信息化水平测评数据公式

中小学教育信息化水平测评的具体计算公式为：

中小学教育信息化水平数值=0.20×信息化设施与数字教育资源+0.30×师生信息化素养+0.25×应用服务+0.15×保障机制+0.10×信息安全

信息化设施与数字教育资源数值=0.20×基础设施+0.30×网络连通+0.50×数字教育资源

师生信息化素养数值=0.50×教师信息化素养+0.50×学生信息化素养

应用服务数值=0.40×技术应用+0.35×互联互通水平+0.25×试点创新及应用推广

保障机制数值=0.50×投入机制+0.20×管理机制+0.30×队伍保障

信息安全数值=0.50×安全制度+0.50×安全防范

（二）中小学教育信息化水平评价得分

本研究根据中小学教育信息化水平及各维度的得分，将综合得分转换为相应的四个等级：得分在 85～100 分为优秀，得分在 70～84 分为良好，得分在 50～69 分为中等，得分在 0～49 分为不及格。按上述公式，对 215 所中小学教育信息化水平测量调查问卷的相关数据进行计算，结果显示：中小学教育信息化水平平均得分为 78.61 分。

本研究将中小学教育信息化水平的五个评价维度的得分按其各自权重转换为百分制得分，便于各指标间进行横向比较与分析。其中，"师生信息化素养"维度的得分最低（52.61 分），说明尽管各中小学教育信息化水平已达到良好水平，但中小学校教师和学生的信息化素养仍有待提高；而"信息化设施与数字教育资源"和"保障机制"维度的得分最高，分别为 79.02 分和 78.67 分，说明中小学校教育信息化投入与建设已初显成效，各地中小学对信息化建设普遍持积极态度。

本研究构建了育人本位的中小学教育信息化水平评价模型，并利用验证性因子分析、组合信度、平均方差提取值和指标因子相关系数进行了效度检验，经验证确定了信息化设施与数字教育资源、师生信息化素养、应用服务、保障机制、信息安全等 5 个维度（共 13 个指标）的测量工具。本研究结合前期已取得的研究成果，明确各评价指标的权重，并制定了育人本位的中小学教育信息化水平评价的计算公式，通过定性与定量相结合的评价方法，实现了对中小学教育信息化水平的科学评价工作。结果显示，中小学教育信息化水平平均得分为 78.61 分，表明参与调查的 215 所中小学的教育信息化水平总体较高，但区域之间、学校之间存在较为明显的差距。

从经过信效度检验和修正的评价指标体系和具有代表性的抽样测评结果分析可以推断，育人本位的评价指标体系是推动区域基础教育信息化水平优质均衡、引导基础教育信息化软实力建设方向的可靠方法与工具。

案例 6：F 市中小学教育信息化水平评价实践

信息化服务学生个性化学习的效果如何？应用育人本位的中小学教育信息化水平评价指标体系，F 市设计并实施了中小学教育信息化水平评价项目，通过学生的学习成绩、综合素质的提高、教育质量的改善等方面，评估教育信息化对教育成效的实际影响。项目采用学校 PPS 抽样方法，小学六年级抽取样本学校 77 所，样本班级 293 个，样本学生 13838 人；初中三年级抽取样本学校 53 所，样本班级 301 个，样本学生 13634 人。项目汇集 130 所学校 27472 名学生数据，以大数据呈现本地区教育信息化持续建设对中小学生学习变化的影响与作用。数据显示，信息化硬件资源占有情况与学生学业成绩具有相关性；学生信息素养对学业成绩具有重要影响；学生应用信息技术的主动性和创造性需进一步激发。

1. 家庭信息化设备因素对学业成绩影响较为显著

数据显示，小学六年级学生家庭中有三分之一的家庭没有电脑（台式电脑、笔记本电脑），有近一半的家庭没有平板电脑，有近 80% 的家庭没有电子阅读器；初中三年级家庭中有 28.8% 的家庭没有电脑（台式电脑、笔记本电脑），有 54.1% 的家庭没有平板电脑，有 80% 的家庭没有电子阅读器。数据显示，与家庭中有 1 台、2 台、3 台或 3 台以上电脑学生相比，家庭中没有电脑的小学六年级、初中三年级学生成绩最低。家庭有电脑与没有电脑的学生成绩存在较大差异。可见，在信息化环境中，优质学习资源的获取、信息技术能力的提升以及项目式合作学习等均离不开软硬件支持，因此，家庭应充分借助信息技术帮助改善家庭学习环境，加快提升学生信息素养，使学习更具互动性，引入更多的体验式学习，使学生获得更先进的知识。

2. 学生信息素养对学业成绩具有重要影响

多元线性回归分析发现，小学六年级学生信息素养对学业成绩具有正影响，信息素养每提高 1 分，总分提高 0.254 分，语文提高 0.177 分，数学提高 0.228 分，科学提高 0.237 分；初中二年级学生信息素养对学业成绩具有正影响，信息素养每提高 1 分，总分提高 0.202 分，语文提高 0.183 分，数学提高 0.155 分，生物提高 0.180 分。在信息化环境下，积极运用新技术和多媒体学习，是适应教育信息化发展趋势的必然选择。因此，在硬件设施满足信息化学习基本需要的基础上，要加强软件和信息资源的开发与管理，包括教学、课件实例与精品网络课程、电子阅览室和由科普、影视、动画、教学组成的电子图书馆等资源的建设，并通过校园网络平台、电子阅览室和多媒体设备提供给教师和学生，以促进教师信息化教学，保障学生能够访问到高质量的信息化学习资源。同时，强调信息技术要服务于教学，把信息技术作为促进学生自主学习的认知工具、情感激励工具、教学环境的创设工具，从而在潜移默化中增强学生利用信息技术获取信息、分析评价信息和使用信息的能力，使学生能够借助信息技术更好地进行自主、合作、探究学习，达到提高学生信息素养、实现个性化学习的目的。

3. 激发学生信息技术应用的主动性和创造性

数据显示，学生主动使用信息技术对于保障学习效果非常重要。当学生感知到自己有能力自主学习，并且主动地利用数字技术进行学习时，其语文、数学素养及科学素养都得到提高。信息技术提供了个性化的学习路径和资源，当学生能够根据自己的学习速度和风格选择学习内容时，他们更有可能理解和记住信息；根据自我决定理论，当学生主动选择并参与他们感兴趣的活动时，他们的内在动机会被增强，从而促进更深入的学习，取得更好的学习成果；信息技术领域不断进步，学生需要持续学习和更新知识。主动使用信息技术能够帮助学生发展批判性思维、创造性思维和问题解决能力，以帮助学生更好地适应未来的教育和工作，从而在未来保持竞争力。可见，如果学生自始至终都处于被动应用信息技术的状态，而缺乏应用信息技术的自主意识、自律意识，那么在信息化环境中更容易在海量数字资源中丧失自主性。为引导、激励学生主动应用信息技术，学校可采取相关策略，如提供有趣和相关的学习内容、使用互动和参与性强的教学方法、鼓励学生参与决策过程以及提供及时的反馈和支持，指导学生学会使用新技术进行个性化性学习，从而有效激发学生应用信息技术的积极性、主动性和创造性。

案例 7：G 市中小学教育信息化资源的闲置与浪费现象

有效支撑学校育人方式变革，提高学校育人质量和效率，是中小学教育信息化的核心。中小学教育信息化是服务师生教与学的信息化，信息化水平反映的是信息技术对实现育人目标的过程和结果的贡献大小。换言之，单位信息化设施投入所带来的教育产出相对较多，则信息化水平相对较高；反之，即使信息化设施非常先进，并不能代表教育信息化水平就高，而可能是资源配置不当甚至是资源闲置与浪费。

近年来，G 市持续推进智慧学校建设，以教育信息化加快教育现代化进程。基于育人本位的中小学教育信息化水平评价指标体系，该市通过数据采集、分析和可视化等手段，对教育信息化设施的使用频率、使用时长、使用范围、使用效率、使用质量等指标进行量化和定性分析。调查发现，信息化设施设备闲置现象不同程度存在，教育信息化重建设、轻应用现象较为突出，测评结果为学校信息化设施设备的利用、改进与优化以及发挥出最大化育人价值提供了数据基础。

数据显示，该地区投入大量资金为学校配备计算机教室、多媒体教学设备、先进的电子白板等硬件设施，并购买了大量数字化教学资源，但实际上资源并未得到充分利用。例如，2020 年，该市中小学教育信息化投资近 1 个亿，其中软件、应用、培训等费用总共不到 1 000 万，硬件软件投资比例约为 10∶1。研究表明，硬件、软件及资源、教师培训投资结构为 45%、25%、30% 较为合理。美国实施 1996—2000 年中小学信息化规划，在基础设施建设中期（1998 年）硬件、软件及资源、教师培训投资比分别为 70%、16%、14%，到 2000 年该比例转变为 63%、20%、17%。软实力投入不足，是导致相关设施设备闲置、得不到充分利用的重要原因。调查还显示，在推进教育信息化的过程中，部分学校由于硬件设施不足、网络条件差等原因，无法充分利用所提供的资源，一些硬件设施较为完善的学校，却因为资源过剩而造成浪费。

针对教师的调查显示，20.9%的教师表示"在课堂上把信息技术融入学科教学很重要，且有能力实践"，75.6%的教师表示"在课堂上把信息技术融入学科教学很重要，但不容易在课堂中实践"。一些教师对新技术感到不适，特别是那些年纪较大的教师，他们可能更习惯于传统的教学方法，对技术的不信任或对改变的恐惧导致抵触情绪的滋生，不愿意在课堂教学中尝试新的教学工具。此外，资源的质量和适用性往往并不能满足教学需求，教师难以找到适合自己教学需要的高质量资源。可见，该市信息技术与学科教学融合还停留在初步探索的层面，有较大比例的教师认为重要但不容易在课堂中实践，因此，为教师提供信息技术与课堂教学融合的可操作性策略与方法尤为迫切。

为推动教育信息化更好地为中小学育人方式改革服务，本研究基于实证调查数据，建议该市教育部门和中小学校要以智慧学校建设为契机，加大信息化软实力投入力度，确保学校有足够的数字化教学资源和教材以支持教师开展信息化教学；切实提升师生信息素养，为学生个性化学习提供丰富的数字学习资源，借助信息技术深入推动课堂教学模式改革，促进学生借助信息技术和资源完成学习任务、解决实际问题、发展思维品质，找到有效的个性化学习策略；加强教育信息化设施的应用创新和效果评估，探索教育信息化设施在教育教学、管理服务等方面的多样化和个性化应用，定期评估设施的使用效果和满意度，不断优化设施的应用模式和方法，以育人本位的教育信息化建设理念和评价避免相关设施设备的闲置和浪费。

教育信息化的过程不能简单地认为是信息机器、信息技术的引入过程，不能简单地等同于计算机化或网络化。教育信息化的过程是教育思想、教育观念转变的过程，是以信息的观点对知识传授过程进行系统分析、结构优化和反思改进的过程。只有坚持育人本位的理念指导信息技术在教育领域的应用，才是适应育人方式变革需要的教育信息化。可以说，教育信息化设施环境，其本身并无优劣可言。在信息化水平评价的问题上，设施形式、硬件设备、投资额都说明不了什么。判断教育信息化水平归根结底还是要看应用，看学习者应用信息技术的程度以及应用信息技术改进学习方式、思维方式的程度。

案例 8：H 中学教育信息化水平评价

H 中学地处东部经济发达省份，教育信息化投入力度大，包括智能黑板、多媒体录播系统、互动式学习平台、虚拟现实（VR）教学工具等在内的教育信息化设施设备先进、齐全，网络环境一流。应用育人本位的中小学教育信息化水平评价指标体系，对该校教育信息化水平进行评价。结果显示，该校教育信息化水平得分 65 分，表明该校教育信息化水平并不高，教育信息化服务师生个性化发展有较大提升空间。

第一，信息化设施与数字教育资源维度得分较高。数据显示，学校多媒体教室占教室总数的比例达 100%，计算机配置生机比 5∶1，师机比 1∶1，校园网总出口带宽 500（Mbps)，网络学习资源库 1 个，网络学科备课资源库 1 个，无线网络覆盖学校主要教学场所。调查显示，学校信息化基础设施完善，并意识到数字教育资源的重要性，在软硬件上具有满足师生信息化教学的条件。

第二，师生信息化素养维度得分较低。信息化设施的使用率、优质数字教育资源的利用成效，取决于教师的信息素养和专业素养。该校具有一流的智慧校园环境，具有获取国家优质教育资源的平台，但教师信息素养不高，导致不能很好地消化吸收优质教育资源。近五年，大部分教师未参加信息技术应用能力培训，教师信息化培训学时数不达标（每人每年不少于 10 学时）。学校教师未参加多媒体信息技术教学大赛，能够利用各种数字教育资源的教师比例偏低，大多固守传统教学模式，鲜有教师能够利用信息工具进行教学模式创新的探索。部分教师对技术手段有排斥心理，信息技术不能很好地服务课堂教学转变、学生学习方式转变；学生信息素养不足，普遍缺乏自我约束力，而老师无法做到有效监督，有的家长也没有精力监督孩子，在监管不力的情况下孩子容易沉迷于游戏。来自 PISA 的证据表明，过度使用数字设备可能面临信息过载、注意力下降等问题，且挤占了原本用于运动和睡眠的时间，进而损害了学生长期的身心健康和学业发展。数字技术能否为学生的学习赋能，取决于能否正确地利用数字资源来激发学习兴趣、提升学习质量。

第三，应用服务维度得分不高。调查显示，信息技术在课堂教学、课后服务以及社会实践等环节中没有得到充分应用，师生网络学习空间活跃度、用户活跃度不高，学校基本沿用传统教学模式；在互联互通方面，学校处于较为封闭的状态，未与外部资源形成良性互动关系，教师之间缺乏信息交流；部分教师认为多媒体教学可能增加备课时间，影响教学进度。例如，学校物理老师表示，多媒体教学可以让学生更好地理解物理实验的结果和过程，但有时候觉得过于花哨，会分散学生注意力。学校未提供相应的课程或活动来鼓励学生使用信息化设备或数字资源，大部分学生不知道如何利用它们来辅助学习。

第四，保障机制维度得分较低。调查显示，学校在人员配备、制度建设、设备维护等方面不规范，管理效能低下，校长信息化领导力、教师信息技术应用能力和学生信息素养等信息化软实力建设未引起足够重视，教育信息化建设停留在争取设施设备投入的初级阶段；教育信息化制度零散，缺乏信息化教学考核评价体系，教师信息化教学水平得不到有效反映；组织机构不健全，没有专人负责信息化建设，没有信息技术专业老师，信息技术老师由其他老师兼任。由于缺乏优秀的师资力量，学校无法提供高质量的信息技术教育；校长观念陈旧，数字教育意识不强，很少参加信息化领导力提升相关培训，缺乏对信息化教学的长远规划、引领支持。

第五，信息安全维度得分不高。信息安全不仅关系信息化教学的正常运行，更关系师生个人信息和隐私。调查发现，尽管学校设施设备先进，但没有建立信息安全保障体系，容灾方案和处理机制缺失，安全管理制度不健全，安全漏洞预警机制缺位，教师普遍缺乏信息安全意识，学生网络安全意识薄弱，学校网络安全的防护水平较低。没有开展信息安全教育和培训课程，没有建立和完善信息安全管理制度和规范，很多师生不了解信息安全的重要性、常见的威胁和防范措施。信息化教学，既需要专业的信息安全屏障，更需要提升师生信息安全意识，时刻维护学校信息网络安全，为信息化教学创造良好的安全环境。

第三节 中小学生信息素养与学业成绩的关系研究

在加速变化的信息社会，信息素养是学生适应信息化环境下学习、生活的必备素养，是新时代对创新人才培养提出的新要求。基于实证研究，科学探讨中小学生信息素养与学习成绩之间的关系，对提升信息化服务于教育教学的效率和质量具有重要意义，对学校教育和家庭教育的改进具有指导和参考价值。

一 研究假设

学习的实质是获得并使用信息，信息是关系学生发展质量的极其重要的资源。对于信息化环境下的学习者而言，选择、学习、理解信息的过程是学生在面对加速变化的外部环境时所做出的认知调整与改变的过程。信息素养作为有效判断、甄别与应用信息的重要能力，对信息化环境下的学习行为和学习结果均会产生重要影响。

（一）中小学生信息素养结构研究

1974 年，美国信息产业协会的保罗·泽考斯基提出信息素养概念，即"利用多种信息工具及主要信息资源使问题得到信息解答的技术和技能"。2003 年 9 月，联合国教科文组织（UNESCO）在布拉格首次召开的信息素养会议上指出，信息素养是终身学习的一种基本人权，是个人投身于信息社会的一个先决条件。2000 年，教育部印发《中小学生信息技术课程指导纲要（试行）》，指出要培养学生了解信息技术对人类日常生活和科学技术的深刻影响，使学生具有获取信息、传输信息、处理信息和应用信息的能力，正确认识和理解与信息技术相关的文化、伦理和社会等问题。2018 年，教育部发布《教育信息化 2.0 行动计划》，明确要求："制定学生信息素养评价指标体系，开展规模化测评，实施有针对性的培养和培训"。当前，国内学者对中小学生信息素养研究起步较晚，测量指标维度存在差异，王海燕等主要从信息意识、信息知识、信息能力和信息伦理道德等 4 个维度评价中小学生信息素养现状。[①] 石映辉等从信息意识与认知、信息科学知识、信息应用与创新以及信息道德与法律等4个维度构建了中小学生信息素养评价指标体系。[②] 综合以上的研究，我们认为，信息素养主要包括信息认知、信息应用、信息伦理等关键维度。

（二）信息素养与学生发展研究

信息素养与学习者学业成绩存在密切关联，贯穿于学习者与技术、信息、资源、人群交互的全过程。信息素养与学生成绩关系研究成果数量较少，且研究结论存在一定分歧，虽然大多研究表明信息素养对学生学业成绩具有正向促进作用，但也有研究认为信息技术应用对学生学业成绩具有反向抑制作用。

学习者信息素养的提升能够有效激发学习兴趣，提升学习愉悦感，提高学习效率和质量以及独立思考和自我解决问题的能力。辛涛（2010）选取北京市24所中学所有的七八年级学生开展教学实验，发现信息技术使用的频率与学生数学学习成绩正相关。在数学课堂中常使用计算机的学生，其成绩显著高于那些不使用或很少使用计算机的学生。[③] 钟志贤（2009）通过理论分析认为，信息技术在课堂中可作为情境创设工具、信息表征工具、探索工具、互动工具和评价工具；合理地应用技术手段对促进学习者有意义学习和高阶思维能力发展具有重要价值。[④] 田建林（2012）通过实验研究发现：在信息技术教学环境下，学生的认知能力、学习满意度、教学互动频率比传统教室下好。[⑤] 陈纯槿（2016）等研究发现，学校教育信息化资源投入、初次使用电脑的时间和初次接触互联网的时间、在校上网时间和校外上网时间

[①] 王海燕，付丽萍.西北地区中小学生信息素养现状的调查分析 [J]. 中国电化教育，2006(7): 35-38.

[②] 石映辉，彭常玲，吴砥，杨浩.中小学生信息素养评价指标体系研究 [J]. 中国电化教育，2018(8): 73-77+93.

[③] 辛涛，邹丹.中学生课堂计算机使用对其数学成绩的影响 [J]. 教育学报，2010(4): 65-70.

[④] 钟志贤，肖宁.用信息技术促进有意义的学习 [J]. 开放教育研究，2009(2): 44-49.

[⑤] 田建林.信息技术融入课堂教学有效性的实验研究 [D]. 辽宁师范大学硕士学位论文，2012.

对学生数字化阅读成绩有正向影响，使用社交媒介的时间、在校使用平板电脑、笔记本电脑则对学生数字化阅读成绩有负向影响。[①] 程建伟等（2018）研究了互联网使用偏好、信息技能与学习成绩之间的关系，互联网使用的信息获得偏好可以通过信息技能的中介作用对中小学生语文、英语成绩产生正向影响，而娱乐偏好可以通过信息技能的部分中介作用对语文、英语、数学成绩产生负向影响。[②] 刘茂苗等（2020）研究表明学生的信息素养水平与其语文学业成绩显著正相关。[③] 综合以上研究，我们提出研究总假设 H1：信息素养对中小学生成绩有显著正向影响。

信息素养与学生成绩关系存在矛盾结论的可能原因是，学习者在信息技术使用过程中缺乏自我约束。王志军等（2015）认为学习者与媒体等技术环境的操作交互、学习者与人 / 信息的寻径交互、学习者与内容的意会交互以及学习者知识创造和生长的创新交互，深刻地反映和影响学习者的认知投入度。[④] 位星等（2019）研究表明，信息素养对互联网学习环境下的学习者深度思维具有显著影响，与所构建的个人知识网络质量呈显著正相关。[⑤] 胡小勇等（2020）研究表明，学习者信息素养对其在线学习投入、深度学习动机和策略均具有直接正向影响。[⑥] 综合以上研究，我们提出研究假设 H2：信息素养所含各维度能力对中小学生成绩的影响作用存在差异。

此外，考虑到我国城乡中小学信息化建设的差异，学生信息素养对学业成绩影响也存在差异。方超等（2018）分全样本、城镇与农村样本、贫困与非贫困样本分析信息技术利用对学生成绩的影响，研究发现信息技术的

① 陈纯槿，郅庭瑾 . 信息技术应用对数字化阅读成绩的影响：基于国际学生评估项目的实证研究 [J]. 开放教育研究，2016(4): 57-70.

② 程建伟，颜剑雄，高磊 . 中小学生互联网使用偏好与学习成绩关系的研究 [J]. 中国健康教育，2018(4): 347-351.

③ 刘茂苗，李先锋 . 信息素养与语文学业成绩的关系——一项基于中国学生的实证研究 [J]. 教学方法创新与实践，2020(4): 13-21.

④ 王志军，陈丽 . 联通主义学习的教学交互理论模型建构研究 [J]. 开放教育研究，2015(5): 25-34.

⑤ 位星，朱进杰 . 互联网视域下深度学习思维影响机制研究——基于信息素养的中介效应检验 [J]. 开放教育研究，2019(1): 73-81.

⑥ 胡小勇，徐欢云，陈泽璇 . 学习者信息素养、在线学习投入及学习绩效关系的实证研究 [J]. 中国电化教育，2020(3): 77-84.

使用抑制了学龄儿童的学业表现，对语文和英语的影响通过改变学龄儿童的阅读方式与习惯起间接影响，对数学则是通过挤占有效学习时间的方式起直接影响，学生在使用互联网时的娱乐偏好是消极影响产生的根源。[①]曹培杰（2014）认为城市学校和农村学校学生的信息素养和相应学习能力存在明显差异，但城市学校学生具有明显优势。[②]综合以上研究，我们提出研究假设H3：信息素养对中小学生成绩的影响作用存在城乡差异。

本研究以中小学生为分析对象，提出研究假设，开展信息素养与学业成绩关系的实证研究，检验并比较信息素养对学生学业成绩的影响效应，验证信息技术对中小学生学业成绩的促进作用，从而为信息技术与教育教学深度融合提供科学依据。

二　验证方法

2020年9月到2020年10月，本研究开展了区域基础教育信息化水平测评，分析我国区域中小学生信息素养整体水平，并采用多元线性回归分析方法验证理论分析框架假设，探讨了信息素养对中小学生语文、数学学科成绩的影响作用。

（一）信息素养问卷设计

本研究根据基础教育改革发展和人才培养的目标与任务，吸收国内外中小学生信息素养测评关键指标，顺应国家基础教育信息化发展方向，结合对样本学校信息化发展的调研访谈，从信息认知、信息应用、信息伦理三个维度，编制了中小学生信息素养调查问卷。信息认知维度，包括信息知识和信息技能，重点考查学生对基本信息技能的掌握情况；信息应用维度，包括应用意识、应用方法和应用效果，重点考查学生利用信息技术实现学习方式转变、利用信息技术实现个性化学习情况，引导学生借助信息技术手段促进批判性思维、创新思维等高阶思维的发展，促进学生借助信息技术更好地进

① 方超,黄斌.信息技术促进了学生的学业表现吗?——基于中国教育追踪调查数据的实证研究[J].开放教育研究,2018(6):88-99.
② 曹培杰.中小学生信息化教学的学习体验调查[J].中国电化教育,2014(9):24-28.

行自主、合作、探究学习，有效发展知识获取能力、信息处理能力以及问题解决能力；信息伦理维度，包括信息法律和信息安全，重点考查学生遵守相关法律法规，尊重他人信息隐私、知识产权、版权，并自觉抵制不良信息等情况。

（二）数据来源及抽样

本研究使用区域基础教育信息化水平测评项目中的小学五年级、初中二年级学生信息素养和语文、数学学业成绩测量调查的部分数据，考虑到我国基础教育在经济区域、城乡之间的差距，调查抽样采用多阶段依概率分层整群抽样原则。首先，选取东部地区的某省 A 市，中部地区的某省 B 市，西部地区的某省 C 市，入选城市的义务教育信息化建设水平居于该省的中等及以上水平；其次，对每个城市分别进行分层抽样，即分市区、县域选取样本学校；最后，对每所抽样学校内以班级为单位进行整群抽样，每所小学从五年级抽取 3～4 个班级，每所初中从二年级抽取 5～6 个班；最终抽样包括76 所小学、281 个班级、14 838 名小学五年级学生，59 所初中、304 个班级、13 634 名初中二年级学生。发放小学五年级和初中二年级学生调查问卷分别为 14 838 份和 13 634 份，回收小学五年级和初中二年级学生问卷分别为14 156 份和 13 460 份，回收率分别为 95.40% 和 98.72%。经数据处理，得到小学五年级和初中二年级有效问卷分别为 13 067 份和 12 779 份，回收问卷有效率分别为 92.31% 和 94.94%。

（三）计量模型和变量设计

以语文成绩和数学成绩为因变量，以学生信息素养及所属各维度指标的自我评价为解释变量构建多元线性模型，回归方程如下：

$$y_i = \beta_0 + \alpha Information\ literacy + \beta i X_i + \varepsilon_i \tag{1}$$

$$y_i = \beta_0 + \alpha_1 Information\ cognition + \alpha_2\ Information\ application + \alpha_3\ Information\ ethics + \beta i X_i + \varepsilon_i \tag{2}$$

其中，y_i 为因变量，包括语文成绩和数学成绩；*Information literacy* 代表学生对自身信息素养的自我评价，*Information cognition* 代表信息认知，

Information application 代表信息应用，*Information ethics* 代表信息伦理；X代表控制变量，包括性别、独生子女、家庭电脑和平板电脑、学校所在地、经济区域等。

学生信息素养问卷为计量模型中的解释变量提供了测量量表。问卷详细调查了小学五年级、初中二年级学生对包括信息认知、信息应用和信息伦理在内的信息素养的自我评价，例如，信息认知中的"信息是当今社会的重要资源""自己现有的信息技术知识和技能能够满足我的学习与发展的需求"等；信息应用中的"在生活、学习中遇到问题时，能够主动想到并尝试用信息技术来解决问题""能够快速地确定自己需要的信息及信息来源"等；信息伦理中的"知道上网需要遵守相关的法律法规""自觉抵制信息违法行为和不良信息"等。以上量表均为4级量表，1非常不符合，4非常符合，并将其转换成百分制得分，信息素养及其所属各维度得分最小值均为0，最大值均为100。

表5-4展示了各测量变量描述性统计以及信息素养量表的信度，各量表的克隆巴赫系数均达到0.8以上，具有较好的内部一致性。

表5-4　各测量变量的基本情况和描述统计

变量代码	变量标签	小学五年级			初中二年级		
		观测值	平均值	标准差	观测值	平均值	标准差
y_1	语文成绩	13 005	26.58	6.80	12 448	46.62	12.36
y_2	数学成绩	13 016	33.52	9.13	12 484	47.89	17.95
Information literacy	信息素养（α=0.966/0.971）	13 016	68.60	16.14	12 734	67.62	15.80
Information cognition	信息认知（α=0.874/0.860）	13 016	67.85	19.44	12 733	67.92	18.39
Information application	信息应用（α=0.964/0.970）	13 016	69.92	18.34	12 734	68.10	17.61
Information ethics	信息伦理（α=0.801/0.851）	13 015	66.28	14.01	12 732	66.17	14.08

通过验证性因子分析检验信息素养量表的结构效度，研究发现，尽管个别拟合指数略低于评价标准，但其他拟合指数都符合拟合评价标准，说明量表具有较好的结构效度；进一步分析量表的聚合效度和区分效度，各指标

因子之间存在显著相关，表明具有较好的聚合效度；指标因子的 AVE 值的平方根均大于该指标因子与其余指标因子的相关系数，表明具有较好的区分效度。

三　验证结果与讨论

信息既是学习资源，也是学习方法；信息素养则是学习能力，且已经成为学生发展的基础能力。从信息认知、信息应用、信息伦理三个维度，考察小学五年级、初中二年级学生信息素养状况，得分越高，学生信息素养表现越好。

（一）中小学生信息素养水平验证结果

学生对自身信息素养水平评价可以在一定程度上反映其信息素养的整体水平。小学学生信息素养状况整体水平并不高，得分为 68.60 分。其中信息认知维度得分 67.85 分，信息应用维度得分 69.92 分，信息伦理维度得分 66.28 分。小学学生信息应用相对较好，信息伦理表现略差。

分区域来看，东部地区小学学生的信息素养及其所属各维度指标均值均高于中部和西部地区。东中西部地区学生信息素养平均得分分别为 70.90 分、67.60 分和 67.32 分；信息认知平均得分分别为 70.39 分、66.65 分和 66.53 分；信息应用平均得分分别为 72.45 分、68.92 分和 68.43 分；信息伦理平均得分分别为 67.89 分、66.47 分和 65.50 分。东部地区小学学生的信息素养整体表现较好，中部地区小学学生的信息素养得分虽略高于西部地区学生，但整体差距不大。

分学校所在地来看，市区小学学生的信息素养及其所属各维度指标均值均高于县域小学学生。其中，市区、县域学生信息素养平均得分分别为 71.13 分和 66.77 分；信息认知平均得分分别为 70.68 分和 65.81 分；信息应用平均得分分别为 72.62 分和 67.98 分；信息伦理平均得分分别为 68.21 分和 64.90 分。虽然小学学生信息素养状况整体水平并不高，但按照经济区域以及市区、县域划分来看，各区域样本学生在信息素养及其所属各维度的指标得分存在显著差距。

初中学生信息素养状况整体水平也并不高，得分为 67.62 分。其中，信息认知维度得分 67.92 分，信息应用维度得分 68.10 分，信息伦理维度得分 66.17 分。初中学生信息应用相对较好，信息伦理表现略差。

分区域来看，除信息应用能力外，东部地区初中学生的信息素养及信息认知、信息伦理的平均得分均高于中部和西部地区。东中西部地区初中学生信息素养平均得分分别为 70.12 分、68.92 分和 66.78 分；信息认知平均得分分别为 69.73 分、68.55 分和 66.38 分；信息应用平均得分分别为 67.21 分、67.37 分和 64.32 分；信息伦理平均得分分别为 69.10 分、68.25 分和 65.86 分。

分学校所在地来看，市区、县域初中二年级学生信息素养平均得分分别为 68.89 分和 66.68 分；信息认知平均得分分别为 69.35 分和 67.04 分；信息应用平均得分分别为 69.33 分和 64.96 分；信息伦理平均得分分别为 67.58 分和 66.52 分。市区和县域初中二年级学生的信息素养及其所属各维度指标的平均得分均值均在 60～70 分之间，整体水平并不高。

（二）差异比较

家庭信息化环境对学生学业成绩和信息素养的差异影响见表 5-5、表 5-6。数据显示，家庭有电脑的学生在学业成绩、信息素养综合水平及其所属各维度能力指标的平均得分显著高于家庭没有电脑的学生；家庭有平板电脑的小学学生在各测量指标的平均得分均显著高于家庭没有平板电脑的学生，家庭有平版电脑的初中学生则在学业成绩、信息素养综合水平、信息认知和信息伦理的平均得分显著高于家庭没有平板电脑的学生，而在信息应用上无显著差异。

表 5-5　小学五年级学生学业成绩、信息素养的差异比较

变量		家庭有电脑均值		均值差	T 值	家庭有平板电脑		均值差	T 值
		否	是			否	是		
学科成绩	语文	25.09	27.24	2.15	−16.62***	26.13	27.03	0.9	−7.53***
	数学	31.77	34.30	2.53	−14.54***	33.20	33.85	0.65	−4.11***
信息素养	综合水平	66.05	69.73	3.68	−12.04***	67.50	69.67	2.17	−7.71***

续表

变量		家庭有电脑均值		均值差	T 值	家庭有平板电脑		均值差	T 值
		否	是			否	是		
信息素养	信息认知	64.91	69.15	4.24	−11.44***	66.39	69.28	2.89	−8.48***
	信息应用	67.32	71.07	3.75	−10.77***	68.78	71.03	2.25	−7.02***
	信息伦理	64.17	67.22	3.05	−11.72***	65.56	66.99	1.43	−5.86***

注：*$p<0.05$，**$p<0.01$，***$p<0.001$。下同。

表 5–6　初中二年级学生学业成绩、信息素养的差异比较

变量		家庭有电脑均值		均值差	T 值	家庭有平板电脑		均值差	T 值
		否	是			否	是		
学科成绩	语文	45.01	47.26	2.25	−9.22***	46.40	46.88	0.48	−2.13*
	数学	44.41	49.29	4.88	−13.83***	47.40	48.48	1.08	−3.34***
信息素养	综合水平	64.93	68.71	3.78	−12.31***	66.62	68.80	2.18	−8.79***
	信息认知	64.59	69.26	4.67	−13.08***	66.60	69.48	2.88	−8.83***
	信息应用	65.13	69.31	4.18	−12.20***	66.84	69.60	2.76	−1.66
	信息伦理	64.32	66.93	2.61	−9.50***	65.99	66.40	0.41	−7.72***

（三）总样本估计

为了验证中小学生信息素养和学业成绩之间是否存在显著相关关系，本研究首先对总体样本进行回归分析。各方程调整后的模型的拟合度 R 方值在 0.025～0.117 之间，并通过 0.001 水平显著性检验，说明进入方程的所有解释变量和控制变量能够有效解释小学五年级、初中二年级学生语文、数学成绩变动的 2.5%～11.7%。各解释变量方差膨胀因子最大值为 5.76，最小

值为 1.74，说明自变量不存在显著的共线性问题。研究结果表明小学五年级、初中二年级学生信息素养整体水平对其语文、数学成绩均有显著的正影响作用，假设 H1 得以验证；分维度分析发现，仅信息伦理对其学业成绩有显著的正影响作用。同时，其他控制变量中，性别、独生子女、家庭信息化环境、学校所在地等对其学业成绩也有显著的影响作用。小学五年级、初中二年级学生信息素养及其所属各维度对其学业成绩的影响效应见表 5-7、表 5-8，假设 H2 得以验证。

表 5-7　学生信息素养对语文成绩的影响效应

| | 小学五年级 | | | | 初中二年级 | | | |
| | 无控制变量 | | 加入控制变量 | | 无控制变量 | | 加入控制变量 | |
	方程一	方程二	方程一	方程二	方程一	方程二	方程一	方程二
信息素养	0.085***	—	0.073***	—	0.123***	—	0.117***	—
	(0.004)		(0.004)		(0.007)		(0.007)	
信息认知	—	0.001	—	0.001	—	−0.006	—	0.001
		(0.005)		(0.005)		(0.016)		(0.016)
信息应用	—	−0.010	—	0.013*	—	−0.014	—	−0.010
		(0.006)		(0.006)		(0.018)		(0.017)
信息伦理	—	0.136***	—	0.125***	—	0.207***	—	0.184***
		(0.006)		(0.006)		(0.010)		(0.010)
性别	—	—	−1.675***	−1.563***	—	—	−4.520***	−4.253***
			(0.115)	(0.113)			(0.217)	(0.216)
独生子女	—	—	0.812***	0.759***	—	—	0.540*	0.543*
			(0.128)	(0.126)			(0.232)	(0.230)
家庭有电脑	—	—	1.622***	1.551***	—	—	1.689***	1.649***
			(0.128)	(0.127)			(0.250)	(0.248)
家庭平板电脑	—	—	0.024	0.058	—	—	0.504*	−0.266
			(0.118)	(0.117)			(0.225)	(0.224)
市区/县域	—	—	1.621***	1.515***	—	—	2.369***	2.047***
			(0.225)	(0.222)			(0.390)	(0.387)

续表

	小学五年级				初中二年级			
	无控制变量		加入控制变量		无控制变量		加入控制变量	
	方程一	方程二	方程一	方程二	方程一	方程二	方程一	方程二
东部	—	—	0.031	0.128	—	—	1.218**	1.034*
			（0.216）	（0.213）			（0.466）	（0.462）
中部	—	—	−0.070	−0.081	—	—	0.393	0.522
			（0.152）	（0.150）			（0.317）	（0.314）
截距项	20.745***	18.177***	20.399***	18.000***	38.295***	34.287***	39.430***	35.781***
	（0.256）	（0.283）	（0.276）	（0.300）	（0.484）	（0.533）	（0.509）	（0.558）
样本量	12955	12954	12949	12948	12409	12407	12407	12405
调整R方	0.041	0.069	0.092	0.117	0.025	0.047	0.066	0.083
VIF	—	3.11	1.74	2.23	—	5.76	1.82	3.09

注：括号中为标准误，下同。

表5-8 学生信息素养对数学成绩的影响效应

	小学五年级				初中二年级			
	无控制变量		加入控制变量		无控制变量		加入控制变量	
	方程一	方程二	方程一	方程二	方程一	方程二	方程一	方程二
信息素养	0.107***	—	0.095***	—	0.188***	—	0.172***	—
	（0.005）		（0.005）		（0.010）		（0.010）	
信息认知	—	0.003	—	−0.002	—	−0.015	—	−0.349
		（0.007）		（0.007）		（0.023）		（0.023）
信息应用	—	−0.011	—	−0.013	—	0.024	—	0.030
		（0.009）		（0.009）		（0.026）		（0.025）
信息伦理	—	0.167***	—	0.160***	—	0.254***	—	0.251***
		（0.008）		（0.008）		（0.015）		（0.015）
性别	—	—	0.263	0.411**	—	—	0.721*	1.110***
			（0.156）	（0.155）			（0.320）	（0.319）

续表

	小学五年级				初中二年级			
	无控制变量		加入控制变量		无控制变量		加入控制变量	
	方程一	方程二	方程一	方程二	方程一	方程二	方程一	方程二
独生子女	—	—	1.318***	1.249***	—	—	0.573	0.588
			(0.174)	(0.172)			(0.341)	(0.339)
家庭有电脑	—	—	2.042***	1.951***	—	—	4.265***	4.235***
			(0.175)	(0.173)			(0.368)	(0.365)
家庭平板电脑	—	—	−0.285	−0.237	—	—	−0.465	−0.137
			(0.162)	(0.160)			(0.331)	(0.329)
市区/县域	—	—	0.284	0.151	—	—	0.036*	−0.393
			(0.308)	(0.304)			(0.574)	(0.570)
东部			1.659***	1.782***			0.688	0.943
			(0.295)	(0.291)			(0.685)	(0.680)
中部	—	—	0.505*	0.492**	—	—	1.800***	1.633***
			(0.207)	(0.205)			(0.466)	(0.462)
截距项	26.169***	23.038***	24.387***	21.310***	35.171***	30.496***	32.091***	27.248***
	(0.344)	(0.382)	(0.376)	(0.410)	(0.699)	(0.773)	(0.748)	(0.821)
样本量	12966	12965	12960	12959	12447	12445	12445	12443
调整R方	0.036	0.060	0.062	0.084	0.027	0.042	0.041	0.056
VIF	—	3.12	1.74	2.23	—	5.76	1.82	3.10

具体分析如下：

（1）方程一回归估计结果发现：信息素养能显著提升中小学学生的语文和数学成绩。小学五年级学生信息素养对数学成绩的提升效应要高于语文成绩，在控制所有变量后，信息素养对语文成绩和数学成绩的影响效应有所降低，影响效应分别为 0.073 和 0.095，说明小学五年级学生信息素养对学业成绩的影响作用并非全部是其信息素养导致。其中，语文成绩与其人口特征、家庭信息化环境和学校所在地有关，数学成绩则与人口特征、家庭信息化环境和经济区域有关。初中二年级学生信息素养同样对数学成绩的提升效应要高于语文成绩，且影响作用要高于小学学生，控制所有变量后，信息素养对语文成绩和数学成绩的影响效应分别为 0.117 和 0.172，除人口特征和家庭信息化环境外，语文和数学成绩均受到学校所在地和经济区域影响。

（2）方程二回归估计结果发现：信息素养所属维度中，信息认知、信息应用对中小学生的学业成绩无显著影响，但信息伦理能显著提升其学业成绩。小学学生信息伦理对数学成绩的提升效应要高于语文成绩，在控制所有变量后，信息伦理对语文成绩和数学成绩的影响效应有所降低，影响效应分别为 0.125 和 0.160，除人口特征和家庭信息化环境外，语文成绩与学校所在地有关，数学成绩则与经济区域有关。初中学生信息伦理同样对数学成绩的提升效应要高于语文成绩，且影响作用要高于小学学生，控制所有变量后，信息伦理对语文成绩和数学成绩的影响效应分别为 0.184 和 0.251，除人口特征和家庭信息化环境外，语文成绩受到学校所在地和经济区域影响，数学成绩则主要受到经济区域影响。

综上，中小学生信息素养对学业成绩的影响是一种正向效应，且对数学成绩的影响效应高于对语文成绩，初中学生信息素养对学业成绩的提升作用要高于小学学生。

（四）异质性分析

本研究按学校所在地将样本分为市区学校和县域学校，分析市区和县域学生信息素养对学业成绩的影响作用。各方程调整后的 R 方在 0.032～0.103 之间，并通过 0.001 水平显著性检验，各解释变量方差膨胀因子最大值为 2.93，说明自变量不存在显著的共线性问题，具体分析如下：

（1）市区、县域中小学生信息素养及其所属信息伦理对语文和数学成绩有显著的影响作用，但信息认知、信息应用未见对其学业成绩产生显著影响，这一估计结果与整体样本一致。

（2）方程一回归估计结果发现，市区中小学生信息素养对语文和数学成绩的影响效应要高于县域中小学生，且无论市区还是县域的初中学生信息素养对学业成绩的影响效应均高于小学学生的影响效应，假设 H3 得以验证。

控制所有变量后，市区小学学生信息素养对语文成绩和数学成绩的影响效应分别为 0.076 和 0.113，县域小学学生信息素养对语文成绩和数学成绩的影响效应分别为 0.071 和 0.080；市区初中学生信息素养对语文成绩和数学成绩的影响效应分别为 0.143 和 0.193，而县域初中学生信息素养对语文成绩和数学成绩的影响效应分别为 0.092 和 0.150。

（3）方程二回归估计结果发现，市区小学学生信息伦理对语文成绩的影响效应低于县域小学五年级学生，而对数学成绩的影响效应则高于县域学生，控制所有变量后，市区小学学生信息伦理对语文成绩和数学成绩的影响效应分别为 0.112 和 0.169，县域小学学生信息伦理对语文成绩和数学成绩的影响效应分别为 0.134 和 0.154；市区初中二年级学生信息伦理对语文成绩的影响效应高于县域学生，而对数学成绩的影响效应则低于县域学生；控制所有变量后，市区初中二年级学生信息伦理对语文成绩和数学成绩的影响效应分别为 0.195 和 0.223，县域初中二年级学生信息素养对语文成绩和数学成绩的影响效应分别为 0.171 和 0.272。同样，无论市区还是县域的初中二年级学生信息伦理对学业成绩的影响效应均高于小学五年级学生的影响效应。

（五）研究讨论

本研究运用多元线性回归方法开展了中小学生信息素养与学业成绩关系的实证研究。研究表明，中小学生信息素养整体水平对其语文、数学成绩均有显著的正影响作用，为基础教育信息化建设过程中加快提升中小学生信息素养水平提供了实证依据。

第一，我国中小学生信息素养整体水平不高，市区和县域中小学生信息素养及其所属各维度指标存在显著差异，市区中小学生信息素养水平较高。此外，东部地区的中小学生信息素养水平高于中部和西部地区，西部地区小学五年级学生信息素养与中部地区的差距并不明显。可见，中小学生信息素养整体水平急需提升的同时，应重点加强县域和中西部地区中小学生信息素养水平的提升。

第二，中小学生信息素养能够显著提升其语文和数学成绩，且对数学成绩的提升效应高于语文成绩。市区学生信息素养的影响效应高于县域学生，初中二年级学生信息素养对学业成绩的提升作用高于小学五年级学生。在信息化环境中，优质学习资源的获取、信息技术能力的提升以及项目式合作学习等均离不开软硬件支持。因此，县域家庭更要充分借助信息技术帮助改善家庭学习环境，为学生信息素养提升创造条件，从而有效发挥信息素养对学业成绩的促进作用。

第三，信息认知和信息应用维度对其学业成绩无显著影响作用，信息伦理维度则能够显著提升其学业成绩，且对数学成绩的提升效应高于语文成绩。市区学生信息伦理的影响效应高于县域学生，初中二年级学生信息伦理对学业成绩的提升作用高于小学五年级学生。分析发现，信息伦理之所以与学生学业成绩有正相关，可能的原因是遵守信息伦理的学生具有更好的学习态度。因此，加强学生信息伦理教育，提升学生信息伦理和网络安全意识，应成为中小学教育信息化软实力建设的重点工作。

案例 9：学生信息素养对学业成绩的影响——来自 I 中学的证据

信息素养是中小学生应对未来信息化环境下的学习、生活、工作必备的核心素养。学校将学生信息素养提升作为教育信息化软实力建设的重点，将信息素养纳入学生综合素质评价，长期开展学生信息素养测评，并设立校本研究课题，持续开展信息素养与学生学业成绩、综合素质的相关性研究，探索发现信息素养对学生学习、成长的影响机制，以实证研究成果推进学校数字化教育变革。

实验研究以该校八年级 12 个班级，共 485 人作为实施对象，其中 6 个班为实验组（N=245 人，男生 109 人，女生 136 人），6 个班为对照组（N=240 人，男生 112 人，女生 128 人），探索学生信息素养与学业成绩、综合素质之间的关系。实验班通过信息化教学手段助力课堂教学，涵盖教学全场景；普通班沿用传统教学模式，未开展信息化教学。

该实验基于实验班与普通班的学生信息素养水平、各学科学业成绩数据，采用 SPSS 软件进行数据处理，对学生信息素养水平与学科学业成绩之间的关系进行实证研究（如表 5-9 所示）。分析发现，学生学业成绩与信息素养各维度得分之间呈正相关。以语文学业成绩与信息素养相关性为例，信息认知与语文学业成绩相关系数 0.881 在 0.01 水平上显著（r=0.881， p<0.01）；信息应用与语文学业成绩相关系数 0.932 在 0.01 水平上显著（r=0.932，p<0.01）；信息伦理与语文学业成绩相关系数 0.855 在 0.01 水平上显著（r=0.855，p<0.01）。数据显示，学生的学业成绩与信息应用的相关程度高于与信息认知、信息伦理的相关程度。就三科成绩而言，信息应用与学生数学学业成绩之间的相关程度最高。同时，实验班的师生反馈良好，网络学习平台的数字教育资源数量增加了 238 个，学生登录网络学习空间增加了 652 次，师生互动增加了 1302 次。教育资源生态平台实现资源的互联互通、共建共享，支撑师生课前、课中和课后数字化的教与学，数字教育资源充分满足师生的常态化应用和个性化学习。

表 5-9　学生信息素养与学业成绩相关分析

信息素养	语文学业成绩	数学学业成绩	英语学业成绩
信息认知	0.881**	0.866**	0.879**
信息应用	0.932**	0.936**	0.927**
信息伦理	0.855**	0.803**	0.819**
备注	*表示在 0.50 的显著性水平上相关；**表示在 0.01 的显著性水平上相关。		

相关分析显示，八年级学生综合素质五大维度及学习、创新、信息素养之间均呈中度或高度正相关，相关系数在 0.47 以上（见表 5-10）。其中，信息素养与学习素养的相关系数为 0.644，与创新素养的相关系数为 0.735，统计检验的显著性概率小于或等于 0.01，说明信息素养与学习素养、创新素养呈高度正相关，即信息素养得分越高，则学习素养、创新素养得分也越高。

表 5-10　学生综合素质各维度相关分析

指标	品德发展	学科思想方法	身心发展	审美素养	劳动与社会实践	学习素养	创新素养	信息素养
品德发展	1	0.721**	0.620**	0.586**	0.668**	0.708**	0.620**	0.517**
学科思想方法	0.721**	1	0.500**	0.676**	0.738**	0.771**	0.718**	0.599**
身心发展	0.620**	0.500**	1	0.405**	0.523**	0.599**	0.483**	0.374**
审美素养	0.586**	0.676**	0.405**	1	0.780**	0.727**	0.664**	0.535**
劳动与社会实践	0.668**	0.738**	0.523**	0.780**	1	0.805**	0.728**	0.601**

续表

指标	品德发展	学科思想方法	身心发展	审美素养	劳动与社会实践	学习素养	创新素养	信息素养
学习素养	0.708**	0.771**	0.599**	0.727**	0.805**	1	0.844**	0.644**
创新素养	0.620**	0.718**	0.483**	0.664**	0.728**	0.844**	1	0.735**
信息素养	0.517**	0.599**	0.474**	0.535**	0.601**	0.644**	0.735**	1
备注	*表示在 0.50 的显著性水平上相关；**表示在 0.01 的显著性水平上相关。							

数据表明，信息素养较高的学生，学业成绩更高，综合素质越好；信息素养不高的学生，学业成绩则相对较低，综合素质也相对偏低。基于学生信息素养测评数据，学校更坚定了开展学生信息素养常态化监测的信心，更坚定了以信息素养提升促进学生个性化学习的教育信念。

第一，加快学生信息素养提升。信息素养是学生学会学习的重要内容，旨在借助信息技术手段学会如何学习、如何获取有效信息、如何开展更广泛的合作以及如何成为网络时代的合格公民等。中小学生信息素养培养，要求在信息化教学中创设情境、设计表现性任务，更好发展学生获取知识、处理信息和解决问题的能力，引导学生学会探索未知、勇于尝试新的理念和方法，从而为未来学习和工作做好准备。

第二，以信息素养提升支持学生个性化学习。信息素养与个性化学习之间具有密切的内在关系，信息素养是促进个性化学习的基础和支撑。创新人才培养的正确途径是尊重个性特点，发现个性潜质，培育个体优势，帮助个体找到适合自己的发展道路并制定个性化学习策略，为其个性化成长提供全方位支持。如果说个性化发展是创新的内在动力，那么知识与方法的积累则决定了创新的基础和水平。没有丰富的知识与方法积累，创新也常常是低水平的。然而，学习资源、学习方法的有效性以及适合性，依赖于学生信息素养的提升，使他们能够更灵活地应用所学知识和获取的信息，进行个性化学习的总结、拓展和应用。通过信息素养提升，学生们可以更好地发挥自身潜能，应对个性化学习的挑战和机遇，拓宽个性化学习的深度和广度，从而实现个性化学习的目标。

第三，创造性地解决了阻碍信息化教学的关键性问题。PISA 数据显示，当学生与教师合作制定关于在课堂上使用数字设备的制度规范时，一段时间后，这些学生的数学素养、阅读素养、科学素养都变得更高。可见，数字技术的使用能否有效地促进学生的学习，部分取决于师生是否共同制定和执行数字技术的使用规则。这要求教师深刻洞察数字技术赋能学生学习的具体路径，促进学科知识图谱与学生学习地图深度耦合，基于学生学习行为数据实现作业分层、个性化布置，培养学生自主学习能力，从而充分保证信息化学习效率和质量。

第六章

中小学教育信息化水平评价指标体系应用前景

伴随着新一代信息技术的飞速发展与进步，中小学教育信息化环境与设施不断迭代升级。信息化建设如何坚守育人本位，如何更好地服务于核心素养导向的基础教育改革，如何更好地服务于教育效率提高和教育高质量发展，离不开符合正确发展方向的信息化水平评价的引导和规范。

第一节　教育数字化发展新趋势

教育数字化是教育信息化发展的高级阶段，是利用技术手段重组和再造教育生态系统以扩大优质资源、促进教育公平的过程，是推动形成学习型大国的重要手段。习近平总书记在中共中央二十届政治局第五次集体学习时指出："教育数字化是我国开辟教育发展新赛道和塑造教育发展新优势的重要突破口。"数字化赋能教育是将数字技术整合到教育领域的各个层面，推动教育组织转变教学范式、组织架构、教学过程、评价方式等全方位的创新与变革，将从供给驱动变为需求驱动，实现教育优质公平与支持终身学习，从而形成具有开放性、适应性、柔韧性、永续性的良好教育生态。[①]世界各国政府致力于推进教育数字化发展，以前瞻性地适应快速变革的数字社会。

---

① 祝智庭，胡姣．教育数字化转型的理论框架 [J]. 中国教育学刊，2022(4): 41-49.

一　国际教育数字化发展趋势

欧盟《数字教育行动计划 2021—2027》（Digital Education Action Plan 2021—2027）致力于打造适应数字时代的教育，将建设欧洲高校数字技能生态系统、提高数字技能作为两大优先战略，在教育基础设施、教育教学资源、质量保障等方面制定了多项措施，确保欧洲教育实现数字化转型，以提高欧洲教育的全球竞争力。2022 年 9 月，由联合国教科文组织牵头的教育变革峰会，将教育数字化转型作为教育变革的五大议题之一，提出落实教育数字化转型的主要原则和实施建议。

美国高等教育信息化协会（EDUCAUSE）将数字化定义为"通过文化、劳动力和技术深入而协调一致的转变，优化和转变机构运营、战略方向和价值主张的过程"。2017 年美国国家教育技术计划（NETP）主题为"重塑技术在教育中的作用"，强调坚定应用信息技术提升和变革教育的立场，从学习、教学、领导力、评价、基础设施等五个方面，探讨信息技术在服务学生中的作用，为国家教育水平的提升提供指导性意见。美国各州和地方领导支持 K-12 数字学习方式的转变，在获取数字教学资源的政策和资金上给予很大的支持。对于数字教学资源的采购政策，各州都有机会通过指导全州范围的合同和资源库的方式在整个教学资源选择过程中发挥领导作用，并通过提供设备、宽带接入和专业学习的方式为所有学生提供数字学习。美国很多州在数字教学资源的实施和采纳方面以立法的形式制定相关法规，有 30 个州允许实施数字教学资源；6 个州制定了实施数字教学资源的法规；24 个州有教学资源的采纳政策，其中教学资源的范围包含数字资源、在线内容、软件以及补充资源；9 个州要求学生在毕业前参加在线课程的学习。[①] 可见，在顶层设计上，美国数字教学资源的实施和采纳政策发生了很大变化，成为美国 K-12 实施数字教学资源的重要推力。

2023 年 8 月，联合国教科文组织国际教育规划研究所所长马丁·贝纳维德斯（Martín Benavides）在"2023 全球智慧教育大会"上强调，技术将

---

① 孙丽娜，陈晓慧．数据地图引领美国 K-12 数字教学资源的变革——基于 2017 美国《数字教学资源在学习中的实施》报告解读与启示 [J]．中国教育学刊，2022(4): 41-49.

成为教育转型的关键组成部分，负责任的技术对确保其成功应用至关重要。为了有效应对持续存在的教育挑战，国家需要将技术纳入更广泛的政府战略，增强教育系统的规划和管理能力，培养学生、教育工作者和教育系统所有参与者的数字能力，使他们能够成功、负责任地与技术互动。

在数字经济时代，数字技术的革新会为未来教育带来重大机遇与全新挑战，亟须积极应变，激发教育内生动力。未来教育的最大特点就是人机结合的教育，ChatGPT 等一批新型人工智能技术将进一步加快人机协同步伐，推进形成以人机协同为引领的未来教育新形态，建设全民化、终身化学习型社会，提升数字竞争力。数字教育依托数字化转型，统筹运用数字技术，探索公平、优质、高效、个性、智慧、面向未来的教育，它将改变传统的教育模式，拓宽教育的可及性，使教育变得更加包容公平、更高质量、更加绿色、更加开放。[①] 例如，"道德两难问题"以其强烈的认知冲突成为道德课堂中常用的情境创设方法。日本山形县一所小学将人工智能与"道德两难问题"相结合，在道德课程中激发学生展开多维思考。小学生的道德理性有待形成和发展，面对具体的生活情境，小学生对道德意义的理解和领悟往往比较浅显，因此需要教师切实引导。

面对"道德两难问题"，教师将 ChatGPT 设置为课堂讨论的参与者之一。以往的课堂讨论交流通常在认知水平相似的同伴间展开，而面对一个新的"智能伙伴"的加入，学生需要更加深入的思考，才能推动对话持续进行。一方面，面对 ChatGPT 提供的答案，学生需要作出新的判断和改变。有的学生表示"我想先听听 AI 的判断，然后再作决定"，也有学生表示"我自己考虑一下，再问 AI"。课堂讨论过程中，教师引导学生主动思考、反思差异，逐渐形成面对道德问题进行独立判断的能力。另一方面，"道德两难问题"不存在唯一的标准答案，ChatGPT 生成的答案可以作为学生讨论交流的话题。学生还可以与 ChatGPT 进一步互动，探寻认知差异产生的原因。教师通过构建"道德两难问题"情境，呈现人工智能的判断，鼓励学生独立思考、仔细反思并认真作出决定，最终提升道德认知。这种独特的学习体验增

---

① 构建开放共享的全球数字教育生态 [N]. 经济日报 , 2023-03-07.

加了道德课堂的趣味性、参与性和教育性。可见，社会已从信息时代进入数字时代，教育数字化发展是必然趋势。

二 中国教育数字化发展战略

教育数字化发展是推进教育现代化、建设教育强国的重要战略机遇，是以数字化转型整体驱动生产方式、生活方式和治理方式变革的重要内容，决定着高质量教育体系能否适应和满足数字时代创新人才培养的新要求。党的二十大强调，"推进教育数字化，建设全民终身学习的学习型社会、学习型大国"。2022 年，我国全面实施国家教育数字化战略行动，国家智慧教育公共服务平台上线，平台汇聚优质教育资源，推动教育均衡发展、促进教育公平，让全国在校学生不论身处城市还是边远山区都能接受高质量教育。新时代，走教育数字化发展之路，培养学生超越变化的学习素养、创新素养和信息素养等关键素养，才能适应"数字原住民"的成长环境和成才规律；如果继续走传统的知识灌输老路，培养出的学生必将落后于时代要求。

从历史逻辑看，数字化是技术发展和社会进步的必然产物。社会发展往往伴随着技术发展而发展，18 世纪 60 年代蒸汽机的发明，开创了以机器代替手工劳动的时代；20 世纪四五十年代电子计算机的广泛使用，迎来了信息化时代；大数据、人工智能与区块链等数字技术的发展和应用，正通过"数字化"推动人类社会走向智能化，一个以数字技术为驱动核心的数字时代正在到来。从现实逻辑看，数字化发展源自人类对提高确定性的追求和发展生产力的积极建构。克劳德·香农（Claude Shannon）指出，信息可以减少随机、不确定性，信息的价值是确定性的增加。面对社会的高度复杂性和不确定性，需要加速信息决策的科学化、精准化，而信息数字化有利于发现与实现信息的价值，其伴随着将信息化整合到数据化的过程。[①] 教育数字化就是利用数字化、网络化、智能化等技术手段对教育进行系统性变革，构建教育新生态。通过革新教育理念，再造教育流程，重构教育内容，重组教育结构，创新办学模式、教学方式、管理方式等，构建以学生为中心、德育为

---

① 祝智庭，胡姣．教育数字化转型的理论框架 [J]．中国教育学刊，2022(4): 41-49.

先、能力为重、知识为基，连接、开放、共享、个性化、智能化的教育新格局。[①]经过数十年的改革发展，我国教育事业已经进入一个全新的阶段：一是教育面临的主要矛盾已经从满足人民群众"有学上"转向"上好学"；二是教育的发展已经从扩大规模转为提高质量为主的内涵发展；三是经济社会转型发展对人才培养的要求已经从一般的掌握知识技能转向更加注重创造性；四是信息科技的迅猛发展提供了颠覆传统方式的多种可能性，教育实现全面数字化转型已成为必然趋势。[②]

2020年，世界经济论坛发布的《未来学校：为第四次工业革命定义新的教育模式》报告提出，要创造一种以学习者为中心、以新技能为导向、以办学创新为目标的学校教育模式，包括灵活设计课程、多元评估方式、促进教师成长、密切社会合作等。国际经合组织提出了未来学校的学校教育扩展、教育外包、学校成为学习中心、无边界学习四大教育图景。其中，"学校教育扩展"是指正规教育的参与率继续扩大，尽管学生学习的选择性更强，但学校的结构和过程仍然存在。"教育外包"是指随着社会越来越多地参与教育，传统的学校体系被打破。"学校成为学习中心"是指多样化教育和实验成为常态，学校与社会无缝衔接，以此开展灵活学习和社会创新。"无边界学习"是指在数字技术支持下，学习随时随地发生。

中国高度重视教育数字化发展，接续推进中小学教育信息化、数字化建设，持续促进数字技术和教育教学深度融合，加快建设教育强国、数字中国。2023年3月，教育部部长怀进鹏在世界数字教育大会上提出教育数字化的五个价值导向：一是坚持数字教育是公平包容的教育，推行全纳教育，实现学有所教、有教无类；二是坚持数字教育是更有质量的教育，撬动课堂教学发生深层次变革，创新教育教学和人才培养模式，以教育的智能化支撑提高教育管理和评价效能，提高人类学习与认知效能，为实现更加优质的教育提供强大动力；三是坚持数字教育是适合人人的教育，通过信息跟踪挖掘、数字回溯分析、科学监测评价等，描绘学生成长轨迹，为每个学生提供个性

---

① 杨宗凯. 推进教育数字化是一场全局性变革 [N]. 湖北日报，2023-07-20.
② 以二十大精神为指引 深入推进教育数字化战略行动 [N]. 中国教育报，2022-12-21.

化的教育方案；四是坚持数字教育是绿色发展的教育，重在应用为王、服务至上，推动数字教育成为教育低碳转型的催化剂和加速器，助力绿色发展，保护好人类共同的家园；五是坚持数字教育是开放合作的教育，通过数字教育的开放合作，让更多国家和人民搭乘数字时代的快车、共享数字教育发展成果、加速教育变革。五个价值导向，明确了中小学校实现教育数字化发展的方向、路径与重点。在实践中，中小学校要将数字技术融入教育教学全过程，基于育人本位的理念建设数字化育人环境、开发数字化课程资源、实施数字化教学模式以及开展教育数字化水平评价，以数字化推动中小学教育的高质量发展。

三　推进教育数字化建设新标准

科学制定教育信息化、数字化评价标准，是中小学教育信息化水平评价的前提。标准化是对多种方案选择和优化的过程，而标准化治理是现代教育高质量发展的突破口。[①] 信息技术在教育领域的普及、迭代，离不开完善的教育信息化标准。例如，欧盟委员会联合研究中心发布的《欧洲教育工作者数字能力框架》（2017 年），从专业参与、数字化资源、教与学、评估、赋能学习者等领域，规定了教师的基本数字素养和学科教学所需的特定数字素养。

从"学习使用技术"到"使用技术学习"，再到"利用技术变革学习"，美国教育信息化形成了循序渐进、层层深化、螺旋上升的能力结构体系，形成了满足不同面向、不同领域、不同战略发展需求的，系统化、科学化、全面化的信息技术教育标准体系。[②] 美国《ISTE 教育者标准》（2017 年）基于学习者、领导者、公民、合作者、设计者、促进者和分析者 7 种角色定位，对信息时代的教师提出了新要求，以促进教师应用技术创新教学。2019年，美国虚拟学习领导联盟（Virtual Learning Leadership Alliance）和 QM（Quality Matters）联合发布新的 K-12 阶段在线教育质量全国标准，包括

---

① 陈放 . 我国现代职业教育标准体系建设：逻辑、困境与进路 [J]. 现代教育管理，2021(6): 115-122.

② 李欣桐，李广，徐哲亮 . 技术赋能：美国教育信息化的历史转向及未来发展趋势 [J]. 现代教育管理 , 2022(6): 120-128.

《在线教育项目质量全国标准》《在线教育课程质量全国标准》《在线教育教学质量全国标准》，从三个维度构建了完整的 K-12 在线教育质量保障体系。

根据"2018 年度以后学校信息技术环境建设方针"，日本文部科学省和总务省联合推出学生终端标准型号、校园网络标准规格配置方案，供各都道府县和办学机构参照配备。2020 年 11 月，日本文部科学省发布《教育数据标准》，围绕教育数据标准化建设的目标方向、基本理念、框架内涵等进行规定，对公立中小学教学大纲的《学习指导要领》进行代码编制，通过建立教育数据的标准体系，能够突破中间媒介的壁垒，增强数据一致性、促进数据集成、加强数据管理并实现数据资源共享，最终为每一名学生提供适应其个性的学习环境。教育数据可在以下三个方面进行有效运用：用于学生个人的学习参考，中小学生运用数字设备记录下的学习经历可作为学生自我反思和复习备考的重要资料；用于学校教师的教学完善，运用电子记录面向每一名学生提供最适合、最贴切的学习指导和生活指引；用于产出新理论并提供决策参考，大学及研究机构等通过教育数据的匿名处理和分析后，可创造新型教学法和学习法，并为政府机构提供决策建议。[1]

加强教育信息化标准建设，是教育数字化发展的关键环节。只有建立了标准体系和运作机制，教育治理要素才能形成最佳秩序。从整体上看，我国教育信息化标准建设进展缓慢。教育基础数据的技术标准不统一；教育信息化的环境技术标准不健全，教育软件和硬件良莠不齐；数字教育资源的标准缺失，准入和监管缺少抓手等。地方和学校教育信息化建设由于缺少参考标准，造成后期整合困难。[2]

提升教师数字素养是推进教育数字化的重要内容，继《中小学教师教育技术能力标准（试行）》《中小学教师信息技术应用能力标准（试行）》之后，我国教育部在 2023 年世界教育大会上正式发布了《教师数字素养》行业标准的标准性文件，从数字化意识、数字技术知识与技能、数字化应用、数字

---

① 李冬梅. 建设标准化体系，将教育数据分成主体信息、内容信息和活动信息三大板块——日本精准数据对接教育信息化 [N]. 中国教育报，2021-01-15.

② 张伟. 从教育信息化发展新动向把握建设新方向 [J]. 中国教育信息化，2022(2)：43-49.

社会责任、专业发展五个维度，明确了数字时代教师专业能力与素养。数字化意识是指客观存在的数字化相关活动在教师头脑中的能动反映，是教师在数字时代有效开展教育教学和持续发展的前提条件。数字技术知识与技能是指教师在日常教育教学活动中应了解的数字技术知识与需要掌握的数字技术技能，是教师实现数字技术与教育教学深度融合的基本要求。数字化应用是指教师应用数字技术资源开展教育教学活动的能力，服务于教学设计、教学实施、学业评价与协同育人等教育教学全流程。数字社会责任是指教师在数字化活动中的道德修养和行为规范方面的责任，这是教师进行公平包容、绿色发展、开放合作的数字教育的根本保障。专业发展是指教师利用数字技术资源促进自身及共同体专业发展的能力。[①]《教师数字素养》标准的发布，明确了教师数字素养的核心内涵和指标框架，为教育管理部门、中小学校和教育机构提升教师数字素养提供了指导，也为教育管理部门建设教师数字素养培训资源、持续监测与评估教师数字素养提供了依据。

案例10：信息技术赋能德育：让学生个性化成长看得见

J小学是加快区域教育优质均衡发展背景下兴建的一所现代化学校，现有教职工78人，一至六年级共33个教学班1 379名学生。办学以来，学校的办学理念、办学特色和办学质量得到社会各界的广泛认可。学校敏锐地把握教育信息化加速发展的趋势，把信息化、数字化作为塑造学校高质量发展新优势的新赛道，以育人本位的中小学教育信息化水平评价为导向，以学生为中心，在信息化手段的支持下深入探索智慧德育新模式，将德育做得更加深入、更全面、更有温度，培养学生良好的行为习惯和品格，让学生个性化成长被看得见。

第一，信息化稳固德育之基。在育人本位的教育信息化建设理念指引下，学校将教育信息化经费重点用于保障学生心理健康发展，开发应用"智慧德育"平台，设置心理健康专栏，将心理健康作为学生品德发展的重要基础。基于个体在社交媒体中产生的文本信息、可穿戴式传感器数据以及音视频数据等，通过人工智能分析的方法，开展学生心理健康水平监测，通过测

---

① 吴砥,牟艳娜.解读《教师数字素养》标准——专访标准编制组专家吴砥教授[J].中小学数字化教学,2023(8):5-8.

评及时发现学生成长过程中可能存在的学习焦虑、冲动倾向、孤独倾向等心理问题，建立心理健康风险筛查、评估早期干预机制，基于学生心理健康大数据分析生成精准的个人心理画像，健全完善学生心理健康电子档案，综合识别学生情绪情感状态，为教师早期识别学生心理健康问题并开展针对性辅导提供技术依据。近五年来，全校共有 5 238 人次学生参与心理健康测评，测评良好率达 97% 以上。

第二，信息化拓展德育课堂。立足立德树人的根本任务，借助信息技术发挥学科教学的德育功能，把德育渗透于学科教学之中，使学科课堂德育像空气一样弥漫在校园内外，每一门学科、每一次活动都是生动的德育课堂，促进学生德育智力相互促进、同步发展。例如，在六年级数学课《图形的运动》教学中，教师充分发挥电子白板的交互功能，详细讲解图形旋转运动的知识难点，培养学生的空间观念，并结合学科教学内容，播放神舟十三号载人飞船返回视频，用数学知识解释神舟十三号载人飞船返回舱拖着"长长的火焰"的点动成线原理，让学生在感受数学魅力的同时厚植爱国情怀。信息技术手段使德智协同发展、课堂内外优秀社会资源链接以及不同学科老师联动成为可能，立德树人的根本任务在各学科教学中得到更好落实。

第三，信息化丰富德育资源。社会是道德教育的大课堂。学校有效地利用信息化技术，拓展德育教育的资源和渠道，促进学生的全面发展，提高学生的道德修养。学校利用网络资源开展关于社会责任和公民意识的讨论和研究，引导学生开展基于社会现实问题的道德思考和价值取向探讨，培养其积极的社会参与意识和责任感；利用"智慧德育"平台，展示与诚实、正直、公正、平等、尊重等优秀道德品质相关的故事、案例和名人事迹，激发学生的情感共鸣和道德意识，引导学生形成正确的道德观念和行为准则；利用公众号、家长课堂等网络平台，向师生、家长和社会共享优秀的德育资源，开展亲子沟通、心理健康、爱国教育等主题的"云讲座"，让优秀的案例和学习资源得到最大程度的共享；通过在线协作平台或虚拟实验室，引导学生利用信息化技术自主学习，引导学生拓宽合作解决问题的视野，找到解决问题的策略和方法，培养其合作精神和团队意识，提升学生沟通能力和解决问题的能力。

第四，信息化深化共育环境。苏霍姆林斯基曾指出，没有家庭教育的学校教育和没有学校教育的家庭教育，都不可能完成培养人这一极其细微而复杂的任务。在信息化手段助力下，学校坚持德育资源建设主体多元化，鼓励、支持学生家长参与数字德育资源建设，有家长发挥专业优势主讲了《宪法宣传教育》《法治宣传教育》《禁毒宣传教育》等特色课程，拓宽了德育的宽度和广度，增强了德育的吸引力，为家校共育环境创建注入新活力；学校通过"智慧德育"平台与家长保持密切沟通，实时分享学生的品德发展、心理状态和行为表现，借助在线研讨会、家长会议等方式向家长传授育人理念和教育方法，除公开邮箱和电话等常规手段外，还利用网络开通留言平台倾听家长心声，发挥家长为学校育人方式变革建言献策的积极性、主动性和创造性，从而提高学校与家庭在育人理念上的一致性。

第五，信息化赋能德育评价。学生成长是一个动态过程，常规的德育评价手段多以扣分、惩戒为主，"智慧德育"平台注重过程性评价，形成学生个人全面发展评价诊断报告，形成更为科学的学生评价体制机制，让每个学生对自己的成长都更有期待，并通过现代信息手段构建立体交互、多元参与的德育评价体系，充分发挥教师、学生、家长在学生德育评价中的角色功能，从日评、周评、月评到学期末、学年末做好学生学习生活的过程性记录，全面评价学生的学习表现、行为习惯、体育锻炼、劳动实践、审美素养等综合素质，以信息化确保全员、全过程、全方位育人；基于"智慧德育"平台，学生德育评价实现无纸化、数字化，学生成长的精彩时刻得到更多关注、更全面展示，学生可以将自己的学习体会、成长经历和理想信念拍摄成短视频并在平台上发布，表达自己对新时代学生良好道德品质的理解和践行，激励自我或同学养成新时代学生应具备的学会学习、自主发展以及勇于承担社会责任的道德品质和行为习惯，走出个性化成长之路，成为那个最优秀的自己，从而克服用生硬的数据去衡量学生道德优劣的困境。

第二节　中小学教、学、管、评新变化

教育随着社会环境的发展而变化，随着技术创新而发生驱动性变革。中

国工程院院士、华中科技大学教授李培根认为，未来教育的变革也将与以往一些改革大不一样，知识传播主体、学习空间、学生能力培养、评价方式都将发生大的变化；传统注重知识传授的教学将发生转变，知识的获取方式也与以前迥然不同。教育最重要的转型应是从"知识导向"到"问题导向"，当然，更重要的是，对教育本质的理解需回归到人的意义上。[①] 在新一轮科技革命的推动下，以人工智能为代表的技术发展正在重塑教育生态，带来新时代人才培养过程中教、学、管、评等关键环节的新变化。

一 从经验性教学转向实证性教学

信息技术加快推动经验性教学转向实证性教学。一直以来，教师的工作中都不缺乏数据，他们过去的教学决策更多依靠的是自己的教学经验和学生的成绩数据。随着众多教育软件系统的出现，教师教学决策可以依据的数据类型愈加丰富，不只有数值型数据，还有多媒体数据，数据分析速度也加快很多。[②] 国家督学、中国教育学会副会长罗洁指出，教育数据不是为了证明，而是为了发现、指引和激励。大数据与人工智能技术可以把学生学习行为和表现采集下来然后迅速统计分类，找到学生典型问题，帮助教师基于证据做出教学策略与方法上的针对性调整，从而改变凭经验教学的传统教学模式。

实证性教学是在信息化教学环境下开展基于证据的教与学的教学模式。剑桥大学教育学院戴维·哈格里夫斯（David Hargreaves）对"循证教学"的概念进行了界定，循证教学是指将个体教学经验与外部研究结合，形成最佳证据，指导实践的过程。美国《不让一个孩子掉队法》要求各州和地方学校充分认识学生学习数据的重要性，全方位评估学生在学习上取得的进步，向社会公布学生的考试成绩，以表明地方和学校在提升学生学习效果上的有效性。在课堂上，对教学有用的数据必须是当前的、准确的、适当的、被知识渊博的决策者所掌握的数据；教育者也必须能基于数据把握学生的学习需

---

① 王湘蓉，邓晓婷．李培根：教育将迎来一个拐点 [J]．教育家，2024(4): 19-21.

② 汪琼．数据驱动的精准教学：整校教学质量提升策略 [J]．中小学数字化教学，2022(1): 26-30.

求，并能有效加工、传递和使用即时数据，制订改进计划，形成教育干预。[①]基于人工智能的教师循证教育指的是将人工智能引入教师的循证教育，建构人、证据、教育教学的多重关系，在教育教师或者帮助教师在教育教学过程中更加明晰问题、准确找到证据、形成用证方法，核心包括：（1）通过人工智能帮助教师识别问题，明确问题的类型；（2）引导教师寻求证据；（3）通过人工智能分析问题，辅助教师判断证据；（4）通过人工智能深度学习，对证据进行分层分类；（5）辅助教师确定证据与教师现实问题和应用环境的适应性。[②]可见，在信息化教学环境下，对学生学业表现数据和学生核心素养表现数据的挖掘更全面，支持学生个性化发展的证据获取更便捷、更准确。

课堂教学模式的不同也影响着教学目标的实现。传统的课堂长期存在着"以教师为中心"的基于经验的教学预设，难以实现即时评测，且缺乏课内外的互动沟通。借助数据分析技术，教师能够实现即时化评价、立体化交流、智能化推送、可视化呈现，增进了课堂内外师生的交互与协作。学会如何分析学生数据，学会如何根据数据发现教学存在的问题并加以改进，学会如何与学生、家长沟通并通过数据反映出有价值的信息，是教师开展实证性教学的关键。

从经验性教学转向实证性教学要求教师具备较高的测评素养。这就要求这样的教师能够做到：将学习评价与清晰的教学目标关联；阐明对学生学业成就的预期；采用恰当的学习评价方法；开发高质量的学习评价练习和评分标准，对评价结果进行恰当抽样分析；在评价中避免偏见；有效沟通学生成绩；使用评价作为一种教学干预。[③]固有经验不利于教学改进，实证性教学的重点在于学生学习证据，信息化使教师能够利用更多可靠数据改进教学。

二　从标准化教育转向个性化学习

工业化的标准生产越来越不能满足人们多元的个性化需求，标准化教育

---

①　杨甲睿，黄甫全.证据型教学决策在美国：兴起、内涵、策略及其启示 [J].电化教育研究，2013(4): 107-113.

②　吴南中，李少兰，陈明建.人工智能支持的教师循证教育：理论架构与行动网络 [J].电化教育研究，2023(5): 36-43.

③　STIGGINS R J. Assessment Literacy[J]. Phi Delta Kappan, 1991, 72(7): 534-539.

模式下培养出的人才越来越不能适应充满挑战和不确定性的社会。信息技术正在推动从标准化教育转向个性化学习，针对每个孩子的学习特点，利用大数据技术帮助学生找到最适合自己的学习方法，从而帮助每个学生实现个性化学习。

首先，信息技术赋能因材施教。教育信息化为个性化学习资源、方式和环境的构建提供了技术支持和有力保障，利用多样化信息技术手段对具有不同需求和潜能的学生进行有效关注，可有力推动"标准化"教育向"个性化"教育发展。信息技术赋能因材施教，要为学习者创建随时、随地、随需的学习环境，丰富多样的教育资源和个性化的学习支持；综合运用案例式、启发式、探究式教学，激活学生思维，培养学生批判性思维和创新能力。信息技术赋能因材施教不仅是学习路径的个性化，而且是人生目标、生涯规划与学业学习的精准匹配。教师通过信息技术和大数据分析，帮助学生客观认识自我优势与不足，帮助学生找到适合自己的人生道路并匹配丰富的学习资源，从而提高学生个性化自主学习能力，进而更好地培养适应社会发展需要的创新人才或创造性劳动者。

其次，信息技术赋能开放多样的课堂环境。信息技术促进大数据分析、人工智能技术在课堂教学中的深度应用与融合，形成开放多样的课堂环境。在信息化教学环境中，教学媒体的呈现方式是影响学生学习效果的一个不容忽视的主要因素。美国当代著名教育心理学家理查德·迈耶（Richard. Mayer）对教学媒体的呈现方式及如何使用多媒体进行有效学习等问题进行了长期的心理学研究，得到教育界的广泛认可。他认为，学习者学习以文本和画面两种方式共同呈现的学习内容要比学习只用一种方式呈现的学习内容在随后的迁移测验中能取得更好的成绩。[①] 例如，慕课打破了传统教育时空界限和学习场所限制，学习者能够根据自己的兴趣和学习需求获得丰富的优质教育资源，同时可以自主控制学习进度，自主选择学习场所和时间，为个性化教育的实现创造了时间和空间；教师可以在实体和虚拟两个空间组织学生开展教学活动，学生可以随时随地通过虚拟技术参与到教学活动中，教学

---

① 理查德·迈耶. 多媒体学习 [M]. 北京：商务印书馆, 2006.

活动突破了实体空间的限制；通过收集相关教学数据，进行实时建模分析，与教育参与者共同完成教学任务。[①] 在升放多样的课堂坏境中促进师生共同成长，教师要把学生参与作为一种有效教学形式，使学生成为教师教学的伙伴，引导学生进行有效的自主性、创新性学习，师生在共同探索、整合、应用、传播知识过程中相互学习、共同提高，真正实现研究性教学、探究式学习。

最后，信息技术赋能师生高质量互动。信息技术为新型师生关系的建立创造了条件。教师要成为学生的引导者、合作者、帮助者、支持者，把居高临下的师生关系变成平等互动的合作关系，帮助学生完善自我意识，唤醒内在动力，激发学习兴趣，使学生的学习更具主动性和创造性。在传统的师生关系中，教师在知识的传授过程中占据中心地位，学生对教师具有很强的依赖性，在学习过程中往往处于被动接受的状态，学生的个性和潜能受到很大的压制。在教育信息化、数字化浪潮的影响下，知识呈现开放共享的状态，随时随地随意的学习成为现实，学习的主动权从教师手中移交到学习者手中，学习者成为信息加工的主体和意义建构的主动者。课堂不再是教师的"一言堂"和"独幕剧"，学生也不是被动等待浇灌的"幼苗"，而是信息加工的主体，在教师的有效引导下，能够借助已有知识和生活经验完成意义建构。教师成为教学的引导者，是意义建构的帮助者、促进者，是学生学习的高级伙伴或合作者。[②] 教育信息化改变了师生角色地位，使师生关系发生根本变化，学生主体地位更突出、学习方法更个性化、创新创造性更充分体现。

三　从结果性评价转向核心素养导向的综合性评价

信息技术的快速发展赋能教育评价发展的新趋势。《深化新时代教育评价改革总体方案》明确指出，充分利用信息技术，创新评价工具，提高教育

---

① 袁振国.教育数字化转型：转什么，怎么转 [J].华东师范大学学报 (教育科学版)，2023(3)：1-11.

② 张迎丰，孙云梅.信息化教育对传统学习环境的解构与重建 [J].高教探索，2013(5)：98-101.

评价的科学性、专业性、客观性。有研究指出，ChatGPT 赋能学生知识测评和能力评估向过程性、动态性、高阶性、综合性转变，推动过程性评价、增值性评价和综合性评价的实践探索。[①] 在信息化教学环境下，学生评价发生根本性变化，基于成绩记录的单一评价转变为基于能力表现的综合评价，学生评价更注重核心素养发展，而不只是注重学业成绩。

首先，信息技术使学生评价更精准、更规范、更有效。信息技术应用为创新教育评价工具提供了有力支撑，促使教育评价实现将关注点从学业成就逐步转向综合素质发展，着力点从终结性评价逐步转向过程性评价，落脚点从单一评价结果逐步转向精准提供个性化发展建议。[②] 数据收集与分析更精准，例如，在线调查网站使采用问卷、量表、测验等方式收集数据变得更加高效。数据收集与分析更规范，能够应用标准化数据测量、存储、传输与分析的方法，严格控制数据收集流程与时间，使数据处理方法标准化、规范化。信息技术增强了数据收集能力和数据处理能力，使大规模学生发展质量监测更具效率。学生的日常行为表现是真实的，信息技术提供了记录、积累以及分析、呈现数据的最新技术，能够确保在学生不被干预的最真实的状态下获取学生数据，从而为学生核心素养发展提供数据支撑。同时，信息技术让学生能够关注自我评价，在评价中学会自我认识、欣赏他人，使学习与评价成为促进自我发展的有效工具。

其次，信息技术开辟了课程教学评价的新方式。课程教学评价是依据教学目标对教学过程及结果进行价值判断并为教学决策服务的活动，是对教学活动现实的或潜在的价值做出判断的过程。布鲁姆（Benjamin Bloom）提出，每个学习单元之后，教师都应当检查学生学习效果，确信学生已经掌握该单元知识后，才开始下个单元的教学。信息技术赋能课堂教学评价，一是借助信息技术构建基于学生学习行为数据分析的学生发展性诊断与评价体系。包括基于学生学习数据及课前预习的测评反馈，开展准确的学情分析，为课堂教学设计提供科学指导；通过课堂的实时评测和互动交流，准确了解

① 戴岭，胡姣，祝智庭.ChatGPT 赋能教育数字化转型的新方略 [J]. 开放教育研究，2023(4): 41-48.

② 王钰彤，张宁娟 . 信息技术怎样影响教育评价改革 [N]. 中国教育报，2022-12-14.

学生课堂学习的实时状态，及时调整教学策略，实现精准教学；通过智能化练习推送、在线提交和批改，及时掌握学生学科知识理解、应用以及分析、评价、创造等高阶思维发展情况，有效地巩固和提高学生的学习效果。二是信息技术拓宽了评价数据来源。例如，有关真实社会场景与活动的多媒体信息（如视频）、活动过程中伴随式采集的实时生理与心理数据（如脑电波、情绪、注意力等）、学习过程开展、学习行为数据等，实现了对学生学习行为的全过程管理。三是信息技术为改进教学提供了技术依据。改进教学指教师或者计算机根据对学生表现做出的形成性评价，调整学习内容或方法，实现教学个性化。调整教学所依据的学生模型是在监控学生问题解决的过程中实时评价数据的汇总。

最后，信息技术使学生发展性评价具备可操作性。以往重视"知识取向"的传统正在加速转向关注"核心素养"，要求教师围绕学生能够适应终身发展和社会发展需要的必备品格和关键能力进行发展性评价。安德烈亚斯·施莱歇尔认为，过去几十年的教育，最容易犯下的错误之一，就是将学习和评估分离开来，老师要求学生年复一年积累大量的知识，然后要求学生某一天在一个人为设限的环境中回忆所学点滴，这常常会扭曲学习过程，窄化教学范围。学习和评价就像一枚硬币的正反两面，两者都很重要，评价是协调学习和教育的核心，让不可见的东西变得可见，不仅关注易于捕捉和测量的知识和技能，还要关注情感、心理健康、抗挫能力等不可见的。信息技术为评价学生综合素质提供了更多可能，发展性评价结果可用于改进学生培养路径、促进相关者实践反思。从发展性来说，一方面，综合素质评价需要对学生的发展提供有针对性的指导。通过深度挖掘学生综合发展的过程和特点，为学生个体提供综合性的评价结果和未来发展建议。另一方面，对相关评价信息进行关联挖掘、分析，能够实现针对不同学生个体综合发展起点的理解，而进行持续性的数据采集、处理和分析，可以帮助快速精准洞察学生个体在一定时间范围内综合发展整体及各指标维度变化情况，支持对学生的增值性评价。[①] 全球测评表明：父母的情感支持是学生自我效能感的重要预

---

① 郑勤华.善用信息技术做好学生综合素质评价 [N].中国教育报,2022-12-02.

测因素，是学生克服困难建立学习目标的动力。师生关系的质量，也是学生责任感的最佳预测因素，让他们保持自控、同理心、信任、合作、宽容、创造力、好奇心、社交能力、自信、活力、自我效能感和成就动机。在实践层面，例如广东省珠海市借助智慧校园系统及其移动端 App，教师、家长、社区工作人员可以随时随地记录学生的表现，此类素材成为过程评价的重要佐证材料。以劳动素养评价为例，长期以来这是一个困扰学界和学校的大难题，其特殊性决定了要以过程评价为主。在智慧校园系统的支撑下，教师、家长以及其他人员可以随时记录和评价学生的劳动表现，为学生劳动素养的全过程监测提供了高效手段，可有效实现对学生的发展性评价。

案例 11：K 校信息技术支持下的学生综合素质评价

大数据分析让支持个性化学习、个性化成长的发展性评价得以实现。K校坚持育人本位的教育信息化建设理念，推动信息技术在学生评价中的广泛应用，设计开发了学生综合素质评价系统，实现了对学生德智体美劳全面发展的过程性记录，学生评价更科学、丰富和全面，积累了学生综合素质评价的大数据和组织实施经验。

首先，学生综合素质评价与发展平台的构建与应用。学校聚焦学生德、智、体、美、劳五大维度和学习素养、创新素养、信息素养，借助信息技术手段完善以发展学生核心素养为导向的学生综合素质评价体系，更系统全面地调查和分析学生核心素养水平，帮助教师更了解学生，更好地服务于新时代育人方式变革。基于综合素质理论模型（包括德智体美劳五大维度和学习素养、创新素养、信息素养三大维度），利用人工智能、大数据分析等信息技术，对学生测评数据进行挖掘分析，学生综合素质发展状况整体上划分为优秀、良好、一般、薄弱等四类。测评显示，学校学生"跨学科学习能力""创新能力""实践能力""合作能力"等面向未来的关键能力表现突出。利用多元线性回归分析、相关性分析等数据分析技术，实现学生学科成绩与综合素质数据的融合，提升学生综合素质评价的时效性、过程性与全面性。大数据分析表明，学生学科成绩与综合素质之间存在着内在的关系，两者相互影响，相辅相成。学科成绩通常反映了学生在特定学科知识和技能方面的掌握程度，而综合素质则涵盖了学生的认知能力、实践能力、情感态度、价值观念等多方面的素质。学习成绩良好的学生通常具有良好的学习态度、自律能力、思维能力等综合素质，他们能够有效地掌握知识，灵活运用所学的方法和技巧；拥有优秀的综合素质的学生更容易适应学习环境，善于思考和解决问题，能够更好地理解和消化学科知识，从而取得更好的学科成绩；良好的学科成绩也会对学生的综合素质产生积极影响，如增强学生的自信心、激发学习动力、培养团队合作能力等。因此，学生应该在学习过程中注重培养自身综合素质，而不仅仅是追求学科成绩的提高，综合素质的提升将有助于学生在学业和未来职业生涯中取得更好的发展。

其次，学生综合素质评价与发展平台的亮点与特色。一是学生行为大数据采集。通过收集和分析学生在学习、生活中的大量数据来获取有关学生行为表现的信息，帮助教师和学生更好地了解学习过程中的问题和困难，并根据数据分析结果提供相应的教学和指导策略，从而为学生个性化学习提供动态支持。例如，从记忆、理解、应用、分析、评价、创造等维度考查学生低阶思维和高阶思维发展情况。基于大数据反映出的学生典型表现设计测评要点，学生通过信息化手段平时点一下鼠标就可以完成学习行为大数据采集。二是延展学生个性化学习的时间和空间。信息技术为教育教学活动的组织实施提供了多样化的平台和支持手段，延展了育人的时间和空间。在时间上，平台使教学时间超出于40分钟之外，学生可以在平台上将积累的问题、思考与老师、同学进行充分讨论；在空间上，平台使学生学习场所由教室扩大到虚拟平台上，学生可随时随地学习而不受时间、地点的限制，可以在虚拟环境中面对各种挑战，从而更好地培养解决问题的能力；平台为每位学生生成《学生成长记录册》，展示学生在校期间的作品、证书、奖项等重要学习成果和个人成就。三是发挥综合素质测评激励功能。综合素质测评对学生在不同方面的素质进行评估，学生可以清晰了解自己的优势、不足和发展潜力，帮助学生树立明确的学习目标和发展方向，从而更有动力去追求个人的成长和进步。综合素质测评注重的是学生全面素质的评价，而非仅仅关注学科成绩。这种评价方式能够促使学生在各个方面都得到平衡发展，不断提升自己在认知、情感、实践等多方面的能力，从而更好地适应未来的挑战和需求。

最后，学生综合素质评价与发展平台的更新与完善。平台产生大量有价值的数据，为学校育人提供了大量基于学生视角的信息，为做好学生学业发展指导奠定了基础。平台以数智化思路推动建设，旨在促进学生学业成绩、综合素养与专业选择、职业发展融为一体。平台设计了性格特征测评、职业能力测评、生涯成长日历、人职匹配模型，学生通过分析自我学业成绩、综合素质发展情况，获得不同发展方向的相应积分，学校教师为其提供针对性的辅导，尽早帮助学生确定个性化发展之路，并为学生匹配个性化学习资源，从而为学生生涯发展规划提供科学参考。平台能为学生提供职业发展基础启蒙、职业发展相关知识学习、有组织职业体验等多元化功能，以激活、启蒙学生职业发展的积极性、主动性和创造性。未来，学生综合素质评价与发展平台功能将持续更新完善，推动平台与高校招生录取打通，以更好服务学生的专业选择和高考志愿填报，让信息技术更好地服务于学生全面而有个性的发展。

四　从教育管理转向教育治理

推进教育治理能力和治理体系现代化是深化教育改革的重要目标，也是教育信息化赋能教育治理能力提升的关键领域。根据《关于构建优质均衡的基本公共教育服务体系的意见》，到 2027 年，我国优质均衡的基本公共教育服务体系将初步建立，供给总量进一步扩大，供给结构进一步优化，均等化水平明显提高；到 2035 年，义务教育学校办学条件、师资队伍、经费投入、治理体系适应教育强国需要，适龄学生享有公平优质的基本公共教育服务，总体水平步入世界前列。可见，以信息化推进教育"管理"向教育"治理"转变，以信息化助力教育治理能力提升对教育强国建设具有重大意义。

应用为王，服务至上。《教育部关于加强新时代教育管理信息化工作的通知》（教科信函〔2021〕13 号）强调，要利用新一代信息技术提升教育管理数字化、网络化、智能化水平，推动教育决策由经验驱动向数据驱动转变、教育管理由单向管理向协同治理转变、教育服务由被动响应向主动服务转变。到 2025 年，基本形成新时代教育管理信息化制度体系，信息系统实现优化整合，一体化水平大幅提升，数据孤岛得以打通，多元参与的应用生态基本建立，教育决策科学化、管理精准化、服务个性化水平全面提升。教育部、国家发展改革委、财政部《关于实施新时代基础教育扩优提质行动计划的意见》（教基〔2023〕4号）明确提出要完善国家基础教育管理服务平台，以数字化赋能提升教育治理水平，推动学籍管理、课后服务、控辍保学子系统全面应用，完善党建德育、校园安全、阳光招生、电子毕业证、集团化办学等子系统，加快推进实际应用，着力提升基础教育管理效能。

（一）国家教育治理能力提升

《中国教育现代化2035》强调要"推进教育治理体系和治理能力现代化"，把实现教育治理现代化摆在教育改革发展的重要位置。以数字化赋能教育管理转型升级，其本质是以新兴技术为主要手段，以信息数据为核心要素，将数字技术、数字思维应用于教育管理全过程，对教育管理、教育决策和教育服务的方式、流程、手段、工具等进行全方位、智能化、系统性功能重塑和流程再造；其要义是提高教育管理效能，助力教育系统提升和创造新型治理能力，利用同样的资源办更优质更公平的教育。[①]信息技术赋能教育治理能力提升，要积极推进教育数字化转型，加快构建教育数字化治理生态系统，让社区、企业及家长成为教育治理的主体，利用信息化手段帮助学校和教师减负提质，以大数据支撑教育决策，不断提高教育决策科学化水平。

（二）区域教育治理能力提升

区域教育治理能力提升，是区域创新教育和创新人才培养的必然选择。新时代是创新驱动发展而不是技术驱动发展，致力于数字教育资源的扩展而不是教科书的数字呈现，旨在提高教师和学生的信息素养而不是信息技术的应用技能。区域创新人才培养的时空局限、师资限制和资源供给不足被数字技术打破，创新人才培养更取决于包括个性化学习模式、创新型教师队伍、

---

① 熊建辉.善用数字化赋能教育管理转型升级[N].中国教育报,2022-04-21.

课程资源、学科交叉以及家校共育在内的软实力发展制度，让人人都拥有创新潜质被激发、激活的机会。在国际科技创新中心创新能力建设过程中，除了可引进全球创新指数指标体系中的信息通信基础设施、普通基础设施，还可重点关注新型基础设施以及智能设施水平。[①] 区域教育治理能力提升，离不开教育信息化发展战略的顶层设计和完善配套的制度规则体系，结合区域资源优势和育人特色，系统推进教育信息化资源配置、师生信息素养提升以及信息安全保障建设，在信息赋能区域教育治理能力提升上探索出行之有效的路径，从而以信息化、数字化赋能区域创新中心建设和创新人才培养。

（三）学校治理能力提升

培养德才兼备的创新人才或创造性劳动者，要求学校围绕育人目标进行治理体系设计，一切决策都要有利于履行新时代教育使命，都要有利于保护师生的主动性和创造性。主要表现为：是否围绕核心素养发展和创新人才培养建立起高效率的决策机制，换言之，决策质量以是否有利于核心素养发展和创新人才培养为依据，是否围绕核心素养发展和创新人才培养有效整合各类资源；制度建设是否有利于保护创新的环境，是否积极促进学校文化的持续改进；领导风格是否有利于信息的自由流动，是否有利于保护基层的创新活力；是否重视信息化手段对教育教学的真实贡献；是否在推动个性化教育过程中具备法律与伦理教育领导力，赋予思想政治与道德教育更多法制化、人性化、个性化特征。重视并做好上述工作，将意味着实现学校治理能力的提升。

案例 12：L 校以数字化教研平台推动核心素养本位的教学改革

教育信息化已进入信息技术与教育教学全面深度融合的新阶段，新时代人才需求、学习方式和育人方式正在发生着革命性变化，核心素养本位的教研活动开展也不例外。学校坚持育人本位的教育信息化建设理念，顺应教育信息化的发展趋势，建设服务核心素养本位教育教学改革的数字化教研平

---

① 王贻芳，白云翔. 发展国家重大科技基础设施引领国际科技创新 [J]. 管理世界，2020(5): 172-188+17.

台，将信息化、数字化手段全面融入教师教研体系，探索构建数据驱动的教研新范式，服务教师信息化素养提升、专业发展和创新人才培养。

首先，统筹整合优质教育资源，引领信息技术与教育教学深度融合。随着信息技术迅猛发展，教学资源更迭速度加快，资源技术等级水平较高，以教师为主体的资源建设速度难以满足学生个性化学习的需要。学校在充分调研的基础上，选择教育理念新、教学方式好、技术手段新的优质教学资源，上传到数字化教研平台，满足教师多元化的教学需求，逐步形成"订单式问题征集""数字化教研平台集体备课""开放性听评课"等数字化协同教研模式，实现以备课组为单位的资源共享与在线研讨，高效组织学校内部和跨校的集体备课，打破传统备课的局限；引导教师建构教学资源学习模型、编制教学资源知识地图、完善学科知识匹配教学资源网络，在科学分析学生认知规律和年段特点的基础上，对引进的资源和校本资源进行增加、删减、重组等工作，实现教学资源的有机整合和再生，满足学生深度学习和个性化成长的需要。

其次，引领教学由单一学科转向学科价值和学科融合。借助数字化教研平台，为教师提供线上线下专家讲座、培训，在专家引领下开展"技术支持信息化教学创新"校本研修活动，提升教师信息技术应用能力、专业发展能力，引领教师积极探索学科价值，深入思考"何种知识利于个性完善、何种知识利于实现个体成长、何种知识利于实现人生价值和社会影响"，以更好地指导教师开展学科教学，引导学生承担起基于学科价值之上的责任和奉献。同时，组建跨学科教研活动共同体，打破传统意义上的学科界限，重构学生发展课程，重建学科知识与个体发展、个体发展与全体全面发展之间的关系，重新获得学科知识和社会发展的宏大意义，推进不同学科的交叉融合，在通过多门学科资源的介入、在问题探究的过程中全面培养和训练学生的学习能力和综合素养。

最后，提高教师参与度，激发教师主体性。与以往普通教研活动不同的是，教师不再局限于面对面交流，而是跨校、跨区域开展"网络集体备课"，教师既可通过数字平台开放研讨，也可通过共享文档对教学设计、课件进行同步修改，主备教师可以下载共享文档，并根据修改记录，有针对性地整理形成教学资源。借助数字化教研平台，老师们突破了时空限制，授课教师、听课教师、教研员及教育专家等均可在不同地点、同一时间参与教研互动。所有参与者可以发表自己的意见，随时参与线上改课，并实现了资源的云端共享。教师研修还是一个动态生成研修资源的过程，在互动交流中生成的各种研修资源，伴随着研修活动的推进会发生变化和更迭。以信息技术手段记录下来的动态生成的研修资源，包含教师在研修情境中所表现出来的学习与思考、发表的意见、对提出问题的回答与争论及多样课堂展示等，解决了研修信息和资源的点状化、碎片化的问题，实现了研修资源的线性化、系统化和过程性的转变，突出了教师的个性化特征和潜在的创造价值。

数字化教研平台为学校教师提供了更多交流、学习和成长的机会，通过与专家学者、同行教师的专业交流、思维碰撞，激发了教师的信息化教学灵感，拓展了教师信息化教学思路和方法，为信息化教学创新提供了分享经验、交流智慧、共同成长的平台。通过平台的建设与发展，学校的治理水平也获得了较大提高。

第三节　以中小学教育信息化评价引领教育数字化发展

信息时代，信息技术深度参与到学校教育教学的各个环节，信息化与教育教学的深度融合不可逆转。人工智能赋能教育需要保持教育内在规律、育人基本属性等方面"不变"，而在方法、手段、内容、载体、模式、管理、评价等方面创新"求变"。以中小学教育信息化评价引领教育数字化转型，其中包括：引领中小学数字教育资源共建共享；引领中小学师生信息素养提升；引领信息化赋能中小学教学变革。

一　以评价引导中小学数字教育资源共建共享

提升优质数字教育资源供给能力和共享水平，成为推进国家教育数字化发展战略的重点任务。教育部、国家发展改革委、财政部《关于实施新时代基础教育扩优提质行动计划的意见》（教基〔2023〕4号）中明确提出，要提升国家中小学智慧教育平台建设应用水平。丰富平台优质资源，统筹建设覆盖德智体美劳各方面的数字资源，课程教学资源实现覆盖所有教育部审定教材版本。同时，评价也具有很强的导向作用，针对数字教育资源建设的评价指标，可将更多资源引向优质数字资源的供给而不是硬件设施设备的更新换代。

首先，引领信息化投入向资源类软件倾斜。未来社会的建设者和接班人应该是高素质、高起点的，能综合运用各种信息技术进行有效自主学习。如果学校课程建设还局限于传统的教育观，而置信息技术于不顾，势必受到历史潮流的抛弃。《教育信息化十年发展规划（2011—2020年）》首次明确提出，各级政府在教育经费中按不低于8%的比例列支教育信息化经费，保障教育信息化拥有持续、稳定的政府财政投入。近十年我国教育信息化行业经费投入持续增长，2020年达到3 863亿元，2021年我国教育信息化行业经费投入超过4 000亿元。随着教育信息化投入的不断增加，教育信息化硬件设施投入已不是问题，有问题的是与之匹配的、需要向学校师生输出的资源品质，例如系统的适用性、易用性和交互性，课程资源的特色性、互动性和共生性等，是否满足学生核心素养发展和个性化教学的需要。在基础教育现代化进程加速的背景下，迫切需要加大教育信息化软实力投入力度，以提升教育信息化软实力的产出效益。

其次，引领优质数字教育资源开发。主动适应信息技术与教育教学深度融合的现实，需要满足互联网时代学习者学习特性和个性化学习需求，建设和丰富优质数字教育资源，推进与纸质版教材配套的数字化教材与学习资源建设，实现优质数字教育资源的共建共享。基于学生个性特长、兴趣爱好和发展需求，重点建设创新思维训练、跨学科课程（STEM等）、美育体育（音乐、美术、戏剧、体育、健康等）优质数字教育资源，保护和发展学生的想象力、好奇心、求知欲和健康水平，为实现做一个对自己、对家庭、对社会"有用"的人做好充分的准备；优化、整合不同学科优质资源，提升区域间、学校间优质数字教育资源共建共享水平；特别重要的是鼓励教师争做优质数字教育资源的建设者、开发者和实践者，借助信息技术对学科教材进行深度开发与广度延伸；正确处理优质数字教育资源引进与消化、吸收的关系，将优质数字教育资源转化成符合地方实际、深受师生喜爱的本土化资源。

最后，引领优质数字教育资源的共建共享。在信息技术的支持下，优质数字教育资源可以跨越时空，学习者可以随时获取个性化学习资源。扩大优质数字教育资源的覆盖范围，让更多学习者受益，缩小区域、城乡数字差距，是评价引领优质数字教育资源的关键环节。为此，要建立教育数字化治理的共建共享机制，切实推进教育的信息、数据、资源、智力等治理要素开放共享，建立数据采集、存储和开发的统一标准，利用教育数字化治理推动信息链、教育链与人才链的有机对接，实现学校和企业产业、政府、市场等主体的信息系统互联与数据按需共享。① 同时，利用信息技术扩大优质资源覆盖面，为不同学习者提供自主探索、多重交互、合作学习、资源共享等学习环境，以充分调动自主学习的主动性、积极性和创造性。

二 以评价引导中小学教师信息素养提升

信息技术与教育教学的深度融合重新定义了教师角色，教师信息素养提升成为国家教育信息化软实力提升的重点。2018 年 1 月，中共中央、国务院《关于全面深化新时代教师队伍建设改革的意见》要求"教师主动适应信息化、人工智能等新技术变革，积极有效开展教育教学"。2018 年 4 月，教育部启动实施《教育信息化 2.0 行动计划》，提出大力提升教师信息素养。2019 年 4 月，教育部发布《关于实施全国中小学教师信息技术应用能力提升工程 2.0 的意见》，着力推动全国中小学教师提升信息技术应用能力。

信息技术正在全方位、深层次地改变着中小学校教育教学模式，在线教学、翻转课堂、微课、慕课等教学形态的普及，也改变着传统的教师处于知识传授中心的地位。优质数字教育资源的利用成效取决于教师的信息素养和专业素养。信息化设施对教育教学贡献率不高的一个重要原因是教师信息素养有待提高。表现在教学实践中，很多中小学校仍然严重依赖被动的学习方式（侧重直接教学和记忆），而不是促进创新思维、批判性思维和个性化思

---

① 李玲 . 数字技术赋能教育治理现代化的作用机理与推进路径 [J]. 当代教育与文化，2023(3): 48-54.

考的交互方式，而后者是创新人才培养具有的典型特征；部分教师对于数字工具和资源的应用较为表面化，教学观念亟待转变，应用水平还需提高；信息素养和专业素养上的不足，导致教师不能很好地消化吸收优质教育资源；信息技术手段与课堂融合不够，部分教师对技术手段有排斥心理，信息技术还不能很好地服务于核心素养本位的课堂教学转变。以评价引领中小学教师着力提升数字素养，将帮助教师主动适应并加速推动教育数字化的发展。

首先，强化引领，培育校长数字领导力。校长数字领导力是引领学校教育数字化转型的关键力量。作为校长，要不断更新教育观念，树立现代数字教育观和学生核心素养发展观；以创新人才培养为目标，深入推动数字资源、数字校园建设，为新时代育人目标提供数字化学习环境；引领鼓励教师深度探索信息技术与学科教学融合的策略与方法，鼓励教师在信息技术支持下体现专业风格的创造性劳动；提高教育评价意识和实践技能，提升教师信息素养，引导学校形成自我约束、自我完善、自我发展的内在机制，基于内外部评价结果引领学校教育数字化转型，持续提高学校育人质量和水平。

其次，强化培训，提升教师信息技术应用能力。在学校高质量教育体系建设中融入教师信息素养发展计划，系统性解决信息化设施与教育教学不能有效融合的现实问题。信息素养包括对教育信息化的正确认知、对教育信息化资源质量的甄别能力、教育信息化知识与技能、教育信息化应用技能、教育信息化伦理与安全、教育信息化绩效评估等。依据国家推动教育信息化内涵式发展的战略性安排，将全面提升教师利用信息技术开展数据驱动的精准化教学能力，熟练运用信息环境下的教学模式与方法，引领学校产出具有实践应用价值的信息化教学成果；研发适应信息化环境的教研模式，引导教师在课堂教学和日常工作中有效应用信息技术；利用信息化工具完整记录学生发展过程性数据，并能使用过程性数据对学生进行个性化诊断与分析；有效指导学生选择、获取和使用个性化学习资源；在大数据分析的基础上反思和改进教学活动。

最后，搭建平台，促进教师信息化教学交流。进入新时代，信息获取更加便捷，教师学历水平普遍提升，教师并不一定缺少基本学科知识，也不缺少基本的教育理论，更不缺少新技术的简单操作，而是缺少一种共享教育智慧的平台，缺少新理念、新技术、新方法综合、高效应用的能力。聚焦数据挖掘与分析、教学策略、教学方式、教学过程和教学评价等主题，教师应在深度交流、持续反思中有效调整自己的教学行为。因此，为中小学教师信息化教学交流搭建平台，为教师开展教学反思提供多渠道信息，充分激发基层教师信息化教学的主动性、积极性和创造性，将有利于深入推进核心素养本位的教育教学改革。

三　以评价引导中小学学生信息素养提升

教育信息化的目的不是最前沿技术的移植本身，而是要将适当的技术应用于中小学课堂教学变革。《全球教育监测报告2023》显示，在中国，向1亿农村学生提供的高质量课程录音使学生成绩提高了32%，城乡收入差距缩小了38%。如果技术应用不适当或过度，它会产生有害的影响。大规模的国际评估数据，如国际学生评估项目（PISA）提供的数据，表明过度使用信息通信技术与学生表现之间存在负相关。因此，实现教育数字化发展，需要重视中小学生信息素养培养并开展针对性评价。

首先，培养和发展学生信息思维。针对中小学生信息素养培养，学校要开齐开足上好信息技术课程，培养和增强学生的信息意识，主动适应"互联网＋教育"发展趋势，积极运用新技术和多媒体学习；培养学生自主学习能力，引导运用探究性学习、批判性思考、信息整合与分析等多样化学习策略，帮助学生更清晰地认识自身学习进程，引导学生进行学习反思、评估与调节；推动学生掌握信息基础知识，掌握信息工具使用方法，有效培养信息获取、评估、鉴别、应用能力；借助信息技术手段更好地进行自主、合作、探究学习，促进批判性思维、创新思维等高阶思维的发展；强化信息伦理教育，引导学生自觉遵守信息道德伦理，提高自我约束力，不沉迷网络，自觉抵制网络不良信息的干扰。

其次，探索推进中小学人工智能教育。构建人工智能课程贯通培养体系，创造人工智能体验和实践环境，让中小学生了解人工智能领域的基础知识，初步探索人工智能领域的奥秘，鼓励学生在智能制造、机器人智能家居、智能生活等方面开展创意探索。例如，日本"从小到大"的课程改革系统工程，小学开设计算机编程课程，吸引更多儿童热爱科学；初中强化STEM教育，唤起学生的科学兴趣和学习热情；高中培养科学思维，奠定科技创新基础；大学设置"AI+"专业，培养创新人才。

最后，深入开展中小学生信息素养测评。信息素养作为信息社会公民的基本素养，是中小学生应对信息化环境下的生活、学习、工作要求所必须具备的核心素养之一。重视并组织开展中小学生信息素养的常态化监测、评价，制定并有计划地开展中小学生信息素养教育，是我国基础教育育人方式改革的重要任务，也是贯彻落实《教育信息化2.0行动计划》的重要举措。在已有研究基础上，中小学校要结合实际，积极构建具有学校特色的学生信息素养评价指标体系，并在实践中经过数据检验，通过学生信息素养常态化监测，为学生信息素养水平提升提供技术依据。

案例13：M小学应用信息技术，让学生爱科学、学科学、用科学

信息技术应用于科学教育，更有效地培养学生学科核心素养，是中小学教育信息化建设的核心目标，也是育人本位的中小学教育信息化水平评价的重点。M校借助最新信息技术创新科学教育教学模式，激发学生学习科学的兴趣，鼓励学生借助信息技术大胆质疑、小心求证，如同科学家一样去思考、去探究，像工程师一样去设计、去创造，从小爱科学、学科学、用科学。

首先，借助信息技术激发学生学习科学的兴趣。小学科学以物质科学、生命科学、地球与宇宙科学、技术与工程四个领域为载体，重在培养学生对科学的兴趣、正确的思维方式和良好的学习习惯。科学课堂在信息技术的加持下更加轻松、生动、有活力，学生对内容也会更加有兴趣。例如，在《探索太阳系行星运动》教学中，通过使用信息技术，学生对学习、探究太阳系行星运动的兴趣被充分激发，从而促使学生能够更加积极主动地去探究科学世界。一是引入。通过展示引人入胜的多媒体动画或视频，介绍太阳系的基本组成和行星运动的概念，让学生在惊叹中感受太阳系的神秘和壮丽。二是虚拟实验。使用虚拟实验室软件，让学生模拟太阳系中行星的运动轨迹。学生可以调整行星的轨道、速度等参数，观察不同条件下的行星运动效果，从而在动手操作中深入理解行星运动规律。三是互动学习平台。在互动学习平

台上，设置问题和挑战，让学生在小组内进行讨论和解决。要求他们分析为什么行星的运动速度不同，或者解释为什么有些行星具有逆向运动等，通过讨论实现对学习内容的深刻把握。四是多媒体展示。使用生动有趣的多媒体资源，展示太阳系中不同行星的特点和运动规律，可结合音频、动画等形式，使学生更加生动地理解行星之间的关系。五是在线协作。教师设计在线讨论，让学生在课后继续讨论和分享他们对太阳系行星运动的理解和发现。鼓励他们提出问题、交流观点，并展示他们通过课堂学习获得的见解。六是个性化学习体验。教师结合学生的兴趣和学习风格，提供个性化的扩展任务或作业，对宇宙探索感兴趣的学生可进一步研究太阳系外行星的发现历史或者设计自己的太阳系模型。在信息技术的助力下，学生可以通过演示、互动和探索，直观了解太阳系行星运动的奥秘，从而进一步激发学生对天文学和科学的探究兴趣。

其次，借助信息技术丰富学生学习科学的方法。信息技术除了在课堂中的应用，在课下也有着其独特的作用。一是丰富学习方法，激发学生自主探究。教师借助信息技术指导学生开展自主探究、实验探究、合作学习，使科学课堂始终保持活跃的状态，激发科学课堂活力。例如，在太阳能热水器制作的课堂教学中，传统的讲解式教学方法容易引起学生的厌烦和不理解。教师可以利用信息技术手段采用互动式教学方法，让学生参与到太阳能热水器制作过程中来，引导学生自主探究太阳能的原理和制作方法，体验太阳能的利用过程和技术，从而在实践中得到更好的理解和经验。二是拓展教学资源，拓宽学生知识面。遇到不理解的知识点，学生通过信息技术去检索查询获得自己想要的解决问题的资源，学生在掌握相关知识的基础上了解更多课外内容，知识面和眼界得到拓展，更能激发出自身的探索力和好奇心，从而增强学生学习科学的积极性、主动性和创造性。三是利用信息技术，反思改进思维方式。结合信息技术，学生发现问题、分析问题以及解决问题的能力得到较大程度的提升。科学的学习更多是对问题的探究，遇到问题、思考问题、解决问题是提升科学素养的重要途径，学生观察自我探究学习活动的过程，分析自己与其他同学的不同探究路径，在老师指导下反思自己思维方式的优势与不足，从而不断提升科学思维能力。

最后，借助信息技术提升学生运用科学的能力。科学课实践性强，信息技术让学生获取更多动手实验机会，可以尝试应用科学知识创造性解决问题，培养创新精神和实践能力，为用好科学打下坚实基础。科学教学与社会生活是息息相关的，AR科学仿真实验增加一些生活相关的内容可以使科学知识的实用性加强，增强学生科学知识联系实际的能力。例如，在《导体与绝缘体》课程教学中，借助微电流传感器和先进数字化数据采集处理系统，更多学生可以参与到科学探究中去，用数据说明现象，用事实解释分析，促进学生科学思维的发展；在人工智能课堂上，借助虚拟仿真实验室，学生可体验虚拟仿真实验的机器人搭建功能，同时利用图形化语言编写指令，通过编程控制、操作3D机器人在"火星"上完成观察水源、寻找矿石和建立观测点等任务。在各类虚拟仿真实验中，学生充分发挥想象力和动手操作能力，学科学、用科学的内驱力得到更好的激发和提升。

四　以评价引导中小学信息化教学变革

教育信息化的显著特征是信息技术成为教学模式再造的重要推力。当前以人工智能技术为代表的新一代科学技术正在重塑人们的生活形式和工作方式，引发了产业、社会等的全方位变革。适应当今和未来社会人才需求变化，迫切需要以教育信息化水平评价引领信息化服务学校教育教学变革。

2017年，《新一代人工智能发展规划》发布，对人工智能技术与应用做了长期规划，到2030年分三个阶段推进，重点任务是发展智能教育。在教育数字化转型促进教育高质量发展方面，要以人工智能、大数据、物联网等新兴技术为基础，依托各类智能设备及网络，推动新技术支持下教育的模式变革和生态重构。《教育信息化2.0行动计划》（教技〔2018〕6号）提出，国家通过实施教育信息化2.0行动计划，到2022年基本实现"三全两高一大"的发展目标，即教学应用覆盖全体教师、学习应用覆盖全体适龄学生、数字校园建设覆盖全体学校，信息化应用水平和师生信息素养普遍提高，建成"互联网＋教育"大平台，推动从教育专用资源向教育大资源转变、从提升师生信息技术应用能力向全面提升其信息素养转变、从融合应用向创新发展转变，努力构建"互联网＋"条件下的人才培养新模式、发展基于互联网的教育服务新模式、探索信息时代教育治理新模式。2021 年,《关于推进教育新型基础设施建设 构建高质量教育支撑体系的指导意见》提出,到 2025 年基本形成结构优化、集约高效、安全可靠的教育新型基础设施体系,促进线上线下教育融合发展,充分发挥数据作为新型生产要素的作用,推动教育数字转型、智能升级、融合创新。

我国以教育信息化顶层设计抢抓人工智能发展的重大机遇,以信息化建设促进学生全面而有个性的发展、培养德才兼备的创新人才或创造性劳动者,必将加快我国创新型国家和世界科技强国建设进程。在此背景下,深入开展教育信息化水平评价,有助于及时有效掌握信息化赋能中小学教学变革情况,帮助中小学教育管理者及时调整教育信息化投入方向,从而提升现代信息技术赋能课堂教学变革的效率和质量。

第一,确立有利于师生个性化发展的信息化建设理念。在信息化建设和数字化发展过程中,学校要摆脱"重硬轻软"的信息化建设痼疾,不盲目追求信息化设施的豪华程度,坚持"育人为本"信息化建设理念,用单位信息化设施对教育效率和师生有效发展的实际贡献率评估和衡量教育信息化建设绩效,重视教育信息化设施在优质教育资源共享、推动个性化教学等方面不可替代的作用,实现教育信息化与教育教学的有机融合。

第二,建立多方参与、共建共治的教育信息化评估机制。学校通过多方参与、共建共治的机制,促进教育信息化评价理论与实践的结合与互动,通过中小学教育信息化水平测评工作开展和大数据建模,在实证基础上促进中小学教育信息化水平评价指标体系的优化完善,从而促进信息技术在创新课堂、教师教研、个性化学习和过程性评价等方面的融合应用。在教育信息化生态系统中,将服务师生个性化发展等重点任务纳入对各地政府履行教育信息化职责的督导评估。

第三,建立学校教育信息化自评机制。学校立足育人目标,构建学校教育信息化建设的自我评估和监控系统,侧重于对教育信息化服务师生个性化发展过程的质量监控,注重信息化教学问题解决与目标的达成;建立充分调动学校自主发展能力的自主评价机制和自评文化氛围,将自评体系内化为学校教育发展的有机成分,从内部激发提高以信息化赋能教育教学变革的动力与活力，保障教育质量提高的持续动力和效率。

第四，健全应用激励机制，促进典型案例推广应用。学校应用激励机制，推广一批育人本位的教育信息化水平评价试点典型经验；推动中小学教育信息化水平评价常态化广泛应用，以教育信息化水平评价推动基础教育高质量发展。中小学校和教师在教学实践中积累了信息化教学的有效经验与做法，中小学教育信息化水平评价要突出对信息化教学先进经验与做法的肯定，建立健全职称评定、教学成果评奖、学术论文发表、课题立项等与教师个人职业成长紧密相关的激励机制，充分激发广大中小学教师信息化教学的主动性、积极性和创造性，从而在更广范围内产生示范引领作用。

第五，建立中小学教育信息化元评价机制。元评价是对评价的评价，对于规范各类评价活动，发现评价中存在的问题和偏差，提高评价质量具有重要作用。美国教育评价专家斯塔弗尔比姆（Stufflebeam）认为，元评价侧重从以下方面对某一评价做出客观评价：一是评价所做出的决策是否有用；二是评价所开展的实践是否可行；三是评价所涉及的人员和组织是否道德；四是评价所采用的方法和技术是否成熟完善。利用评价过程与结果反馈的信息，可以对中小学教育信息化评价全过程进行"再评价"，以提升评价质量。用信息技术收集整理过程性数据，完整、真实再现评价过程，使元评价过程"基于真实数据"，提高客观性与准确性，从而更好地发挥评价对教育信息化实践的改进、促进作用。

案例 14：N 市中小学教育信息化水平评价实践

评价是区域中小学教育信息化高质量发展的关键环节。中部省份 N 市科学研判教育数字化发展趋势，基于育人本位的中小学教育信息化水平评价指标体系，研制了具有当地特色的中小学教育信息化水平评价工具，并组织开展了区域中小学教育信息化水平评价，以评价引导教育信息化软实力建设，以高水平信息化资源加速本地区育人方式改革进程。

第一，研制具有地方特色的中小学教育信息化水平评价工具。充分借鉴育人本位的中小学教育信息化水平评价指标，结合本地区中小学教育信息化发展重点任务，构建了包括信息化领导力、数字教育资源、信息化教学三个关键维度的中小学教育信息化水平评价指标框架。信息化领导力，重点考察区域教育信息化软硬件投入满足需要的程度，包括教育管理者信息化领导力和中小学校长领导力两个二级指标；数字教育资源，重点考察中小学校优质数字教育资源建设情况，包括数字教育资源总量和数字教育资源利用两个二级指标；信息化教学，重点考察信息化技术应用于课堂教学情况，包括教师教学方式转变和学生学习方式转变两个二级指标。

第二，开展区域中小学教育信息化水平评价。根据构建的中小学教育信息化水平评价指标体系，研制课堂观察评价表，研制针对教师和学生群体的中小学教育信息化水平评价调查问卷，采取课堂观察、问卷调查、现场考察以及自主评价等方式，对本市中小学教育信息化水平进行全方位诊断性评价。主要测评结果有：（1）在信息化领导力方面，该市高度重视中小学教育信息化建设，将中小学教育信息化软实力提升作为育人方式变革的重要力量，体现在研究制定了《教育信息化"十四五"发展规划》，成立了教育信息化领导小组，定期研究中小学教育信息化建设工作，将中小学教育信息化水平评价列入教育信息化"十四五"发展规划重点任务，从制度上予以保障；实施中小学校长信息化领导力提升工程，每学期组织开展校长信息化领导力培训不少于1次，将校长信息化领导力作为校长评价的重要方面，以校长领导力提升保障教育信息化建设的正确方向；测评结果显示，65.7%的中小学校长表示自己的信息化领导力需要提升，以适应教育数字化发展趋势。（2）在数字教育资源建设方面，一半以上的中小学校开发或引进了数字教育资源，并将数字教育资源应用于日常课堂教学；43.5%的中小学校探索借助信息技术重构学校课程体系，以课程的丰富性满足学生个性化学习；中小学教师认为学校数字教育资源能够很好地满足信息化教学需求的占57.8%；同时，中小学教师认为在共享优质教育资源上还存在一些限制或制约的比例较高，达67.5%。（3）在信息化教学方面，大部分中小学校能够依托信息技术开展混合式教学、翻转课堂教学、情境化教学、项目式教学等信息化教学改革；七成左右的中小学教师能够利用信息工具改变传统教学模式，推动课堂由知识本位向素养本位转型；中小学教师利用信息技术实施个性化教育具有巨大潜力可挖，近八成中小学教师表示信息化教学技能需要根据教育数字化发展趋势动态提升。

第三，基于评价结果找准中小学教育信息化软实力提升方向。N市强化中小学教育信息化水平评价结果应用，基于评价发现的薄弱点进行针对性改进提升。例如，针对数字教育资源共享水平不足的问题，通过建设优质数字教育资源共享平台，建立激励机制，促进优质教育资源的公开、上传与分享；针对中小学教师信息化教学技能动态提升需求，每学期设计中小学教师信息化教学研修项目，不仅为中小学教师提供高水平专家引领，更重要的是搭建中小学教师信息化教学交流平台，为中小学教师分享信息化教学经验、解决信息化教学问题、凝聚信息化教学智慧搭建平台；针对中小学校大都开展了信息化教学改革的现状，建设中小学教学大数据中心、中小学教学质量监测中心，借助信息技术全流程采集教学数据，深度挖掘数据背后的教育信息，实时反馈教师教学和学生学习过程中出现的深层次问题，为学校教学改进与提升提供精准数据支撑。

第四，建立育人本位的中小学教育信息化水平评价常态化机制。在教育数字化加快发展的背景下，构建并深入实践育人本位的中小学教育信息化水平评价体系，是以教育信息化加速教育现代化进程的必然要求。N市坚持育人本位的中小学教育信息化建设理念，强化对中小学教育信息化水平的常态化评价，基于评价结果动态调整中小学教育信息化软实力提升重点，从而以高水平教育信息化为中小学育人方式改革提供强有力技术支撑。

以评价促进育人本位理念在未来中小学教育信息化建设中的实现，是我们迈向教育现代化的关键一步，是实现教育强国的重要支柱。评价不仅是对数字化建设成果的检验，更是对教育过程中的价值观、目标和效果的审视。在本书的研究中，深入探讨了育人本位的中小学教育信息化水平评价的理论体系，构建了育人本位的中小学教育信息化水平评价的指标体系，通过对数字教育资源共建共享、教师与学生信息素养提升以及信息化教学变革等方面的评价引导，为中小学教育的数字化发展提供了有力支持。同时，通过大量的实践案例和数据印证了上述评价指标体系的实用性。针对新时期中小学教、学、管、评出现的新变化，希望广大中小学校通过应用此套评价指标体系的引领，能朝着正确的轨道发展前行。

评价不仅是一种衡量工具，更是推动教育变革的引擎。我们相信，通过育人本位评价理念的引导，中小学教育将更好地适应信息化时代的挑战与机遇，为培养具备综合素养、创新思维和信息技术能力的新一代人才做出更大贡献。

在本书的结尾，我们希望广大教育工作者能够深刻认识到评价在引领教育数字化发展中的关键作用，积极参与到评价实践中来，共同努力推动中小学教育信息化水平的提升，为加速教育现代化进程贡献智慧和力量。愿本书的研究成果能够为中小学教育信息化的未来发展提供有益的启示与借鉴。

参考文献

[1] 罗布耶.教育技术整合于教学 [M].西安：陕西师范大学出版，2005.

[2] 斯塔弗尔比姆.评估模型 [M].北京：北京大学出版社，2007.

[3] 安德烈·焦尔当.学习的本质 [M].上海：华东师范大学出版社，2015.

[4] 伊藤穰一，杰夫·豪.爆裂：未来社会的 9 大生存原则 [M].北京：中信出版社，2017.

[5] 弗里德曼.世界又热又平又挤 [M].长沙：湖南科技出版社，2009.

[6] 祝智庭.现代教育技术——走向信息化教育 [M].北京：教育科学出版社，2002.

[7] 张豪锋，孔凡士.教育信息化评价 [M].北京：电子工业出版社，2005.

[8] 何克抗，李文光.教育技术学 [M].北京：北京师范大学出版社，2009.

[9] 何克抗，吴娟.信息技术与课程整合 [M].北京：高等教育出版社，2007.

[10] 何克抗.信息技术与课程深层次整合理论 [M].北京：北京师范大学出版社，2008.

[11] 黄荣怀，江新，张进宝等.创新与变革：教育信息化的核心价值 [M].北京：科学出版社，2007.

[12] 赵勇.不要让人去做机器的工作 [M].上海：华东师范大学出版社，2018.

[13] 常生龙.核心素养与学习的变革 [M].上海：上海教育出版社，2020.

[14] 崔允漷，王少非，夏雪梅.基于标准的学生学业成就评价 [M].上海：华东师范大学出版社，2008.

[15] 陈玉琨.教育评价学 [M].北京：人民教育出版社，1998.

[16] 程书肖.教育评价方法与技术 [M].北京：北京师范大学出版社 (第二版)，2007.

[17] 陆璟.PISA 测评的理论和实践 [M].上海：华东师范大学出版社，2013.

[18] 教育部基础教育监测中心.如何开展中小学校督导评估 [M].北京：教育科学出版社，2014.

[19] 张咏梅.大规模学业成就调查的开发：理论、方法与应用 [M].北京：北京师范大学出版社，2015.

[20] 边玉芳，梁丽婵.基础教育质量监测工具研发 [M].北京：北京师范大学出版社，2015.

[21] 林崇德.21 世纪学生发展核心素养研究 [M].北京：北京师范大学出版社，2016.

[22] 胡卫平.青少年科学创造力的发展与培养 [M].北京：北京师范大学出版社，2003.

[23] 林松柏.《基于能力范式的教学改革理论创新和实践》[M].北京：科学出版社，2023.

[24] 褚宏启.核心素养的国际视野与中国立场——21 世纪中国的国民素质提升与教育目标转型 [J].教育研究，2016(11): 8-18.

[25] 李毅，何莎薇，邱兰欢，刘明.北美地区学生信息素养研究现状及其启示 [J].中国电化教育，2018(8): 67-72.

[26] 王佑镁，宛平，赵文竹，等.科技向善：国际"人工智能＋教育"发展新路向——解读《教育中的人工智能：可持续发展的机遇和挑战》[J].开放教育研究，2019, 25(5): 10.

[27] 王静，李葆萍.信息技术与学科教学整合的课堂教学评价指标体系的建立 [J].中国电化教育，2003(8): 25-28.

[28] 王欣欣，闫德勤，胡卫星.数字化校园评价指标体系的构建研究 [J].中国教育信息化，2013(7): 67-69.

[29] 何克抗.信息技术与课程深层次整合的理论与方法 [J].电化教育研究，2005(1): 7-15.

[30] 周由游，施建国.技术推动学习的新模式——美国国家教育技术计划的启示 [J].中国电化教育，2011(10): 54-58.

[31] 胡盈滢，金慧.#Go Open 计划：推进美国开放教育资源建设的国家行动 [J].远程教育杂志，2017(4): 58-65.

[32] 田辉.我们从日本超级智能时代的学习变革中看到什么 [N].光明日报，2020-07-28.

[33] 姚萍.美国"开放运动"鼓励学校使用开放教育资源 [J].世界教育信息，2016(1): 77.

[34] 张玉柳，罗江华.爱尔兰基础教育数字化发展研究——基于《学校数字战略2027》的解读 [J].中国教育信息化，2023(3): 43-50.

[35] 王文礼，吴伟伟.面向数字时代重置教育和培训——欧盟《数字教育行动计划(2021-2027)》的要点和启示 [J].中国教育信息化，2024(4): 24-34.

[36] 万芮 . 信息化推进普通高中育人方式变革的难点、对策与路径 [J]. 上海教育评估研究 . 2020(6): 27-31, 71.

[37] 田爱丽 . 转变教学模式促进拔尖创新人才培养——基于"慕课学习 + 翻转课堂"的理性思考 [J]. 教育研究 , 2016(10): 106-112.

[38] 田爱丽 . 综合素质评价：智能化时代学习评价的变革与实施 [J]. 中国电化教育 , 2020(1): 109-113, 121.

[39] 田爱丽 . 教育信息化平台开发的重点转向 ——从"基于内容"到"基于数据"[N]. 中国教育报 , 2019-03-02.

[40] 刘三女牙 , 李卿等 . 量化学习：数字化学习发展前瞻 [J]. 教育研究 , 2016(7): 119-126.

[41] 李冀红 , 万青青等 . 面向现代化的教育信息化发展方向与建议 ——《中国教育现代化 2035》引发的政策思考 [J]. 中国电化教育 , 2021(4): 21.

[42] 刘瑞儒 , 陈冲 . 政策工具视角下我国教育信息化政策量化研究——基于 2013—2020 年《教育信息化工作要点》的文本分析 [J]. 中国教育信息化 , 2021(9): 5.

[43] 吴仁英 , 王坦 . 翻转课堂：教师面临的现实挑战及因应策略 [J]. 教育研究 , 2017(2): 112-122.

[44] 陈雄辉 , 刘晓 , 赵丹丹等 . 教育信息化 2.0 时代个性化学习课堂教学评价指标体系的构建 [J]. 广东技术师范大学学报 , 2020(5): 28-33, 41.

[45] 董玉琦 , 毕景刚 , 钱松岭 , 边家胜 , 乔沛昕 . 基础教育信息化发展的问题审视与战略调整 [J]. 开放教育研究 , 2021(4): 50-58.

[46] 牟艳娜 . 解读《教师数字素养》标准——专访标准编制组专家吴砥教授 [J]. 中小学数字化教学 , 2023(8): 5-8.

[47] 吴南中 , 李少兰 , 陈明建 . 人工智能支持的教师循证教育：理论架构与行动网络 [J]. 电化教育研究 , 2023(5): 36-43.

[48] 唐晓玲 . 国际学生信息素养测评框架、方法与评价 [J]. 图书情报工作 , 2015(15): 12-19.

[48] 蒋龙艳 . 过程性评价视角下学生信息素养测评研究 [J]. 教师教育论坛 , 2020(3): 34-38.

[50] 张立国 , 周釜宇 , 梁凯华 , 康晓宇 . 面向教育新基建的中小学校长信息化领导力评价量表设计 [J]. 中国远程教育 , 2023(3): 64-72.

[51] 肖玉敏 . 学校教育信息化评价指标体系初探——中小学校长的视角 [J]. 中国电化教育 , 2009(2): 25-29.

[52] 钱冬明,赵怡阳,罗安妮.中小学生信息素养现状的调查研究——以成都市为例 [J]. 现代教育技术,2019(6): 48-54.

[53] 李文光,范坤,赵莹.深圳市基础教育信息化建设与应用评价指标体系的探索 [J]. 中国电化教育,2014(1): 40-44.

[54] 邱相彬,李芮,单诚,童兆平.区域基础教育信息化发展评价指标体系设计与应用研究 [J]. 湖州师范学院学报,2023(6): 110-116.

[55] 李欣桐,李广,徐哲亮.技术赋能:美国教育信息化的历史转向及未来发展趋势 [J]. 现代教育管理,2022(6): 120-128.

[56] 肖鑫,王以宁,李晓航.美国信息技术素养教育发展政策的经验与启示——基于政策工具与技术标准化生命周期理论二维框架分析 [J]. 现代远距离教育,2019(4): 9.

[57] 吴砥,余丽芹,李枞枞等.发达国家教育信息化政策的推进路径及启示 [J]. 电化教育研究,2017(9): 5-13.

[58] 杨金勇,孟红娟.利用技术变革学习:新版《美国国家学生教育技术标准》解读 [J]. 中国电化教育,2018(6): 86-90.

[59] 李爽,林君芬."互联网＋教学":教学范式的结构化变革 [J]. 中国电化教育,2018(10): 31-39.

[60] 李智晔.论信息技术与课程整合的基本问题 [J]. 教育研究,2015(11): 91-97.

[61] 李娜.基础教育信息化评价指标体系建构研究——"以人为本"和"均衡发展"双重价值取向 [D]. 河南大学硕士学位论文,2015.

[62] 陈莹.20世纪90年代以来美国教育信息化政策变迁研究——基于政策文本的分析 [D]. 东北师范大学硕士学位论文,2016.

[63] 谢娟.现代教育技术应用的伦理审视 [D]. 山东师范大学博士学位论文,2013.

[64] 闫红霞.信息技术"进入"教学的伦理规约 [D]. 哈尔滨师范大学硕士学位论文,2017.

[65] 赵晓声,卢燕,袁新瑞.中小学和幼儿园教育信息化评价——教育视野与需求导向 [J]. 电化教育研究,2014(6): 51-57.

[66] 赵建华,姚鹏阁.信息化环境下教师专业发展的现状与前景 [J]. 中国电化教育,2016(4): 95-105.

[67] 焦建利,贾义敏,任改梅.教育信息化的宏观政策与战略研究 [J]. 远程教育杂志,2014(1): 25-32.

[68] 张晨婧仔,王瑛,汪晓东,焦建利,张英华.国内外教育信息化评价的政策比较、发展趋势与启示 [J]. 远程教育杂志,2015(4): 22-33.

[69] 雷万鹏 . 教育信息化政策研究的三个误区 [J]. 教育研究与实验 , 2018(6): 1-6.

[70] 曹树真 , 付杨 , 陈德鑫 , 吴长泰 . 从技术植入到生态优化 : 信息技术赋能课堂教学的范式转型 [J]. 中国电化教育 , 2021(12): 103-110.

[71] 朱娅梅 , 撒兰应 . 引领学习变革 智创教育未来——2022 世界人工智能大会教育论坛综述 [J]. 教育测量与评价 , 2022(6): 25-36.

[72] 何克抗 . 如何实现信息技术与学科教学的"深度融合"[J]. 教育研究 , 2017(10): 88-92.

[73] 马莲姑 , 黄寿梦 . 我国基础教育信息化评估研究特点分析 [J]. 中国教育技术装备 , 2019(2): 102-104.

[74] 张进宝 . 从"六要素模型"到"CIPO"模型 : 教育信息化研究思路的再审视 [J]. 中国电化教育 , 2008(10): 5-9.

[75] 顾小清 , 林阳 , 祝智庭 . 区域教育信息化效益评估模型构建 [J]. 中国电化教育 , 2007(5): 23-27.

[76] 杜娟 , 王宁 . 生态视野下基础教育信息化评价模型的构建研究 [J]. 中国电化教育 , 2014 (7): 63-69.

[77] 钟秉林 , 王新凤 , 方芳 . 信息科技驱动下的教育变革 : 机遇、挑战与反思 [J]. 南京师大学报（社会科学版）, 2019(5): 5-12.

[78] 张家勇 . 教育科技产品乱象亟须规范 [N]. 中国教育报 , 2019-12-28.

[79] 熊建辉 . 以教育信息化推动教师专业化 : 访联合国教科文组织教师发展与高等教育司司长戴维·阿乔莱那 [J]. 全球教育展望 , 2013(11): 3-9.

[80] 杨宗凯 , 吴砥 , 郑旭东 . 教育信息化 2.0 : 新时代信息技术变革教育的关键历史跃迁 [J]. 教育研究 , 2018(4): 16-22.

[81] 张伟 . 从教育信息化发展新动向把握建设新方向 [J]. 中国教育信息化 , 2022(2): 43-49.

[82] 构建开放共享的全球数字教育生态 [N]. 经济日报 , 2023-03-07.

[83] 袁振国 . 教育数字化转型 : 转什么，怎么转 [J]. 华东师范大学学报（教育科学版）, 2023(3):1-11.

[84] 郭绍青 . 教育数字化是教育信息化的高级发展阶段 [EB/OL]. https://web.ict.edu. cn /html/special/2022/0622/3878.html [2022-06-22].

[85] 杨宗凯 : 推进教育数字化是一场全局性变革 [N]. 湖北日报 , 2023-07-20.

[86] 曹培杰 . 学校如何实现教育数字化转型 [N]. 中国教育报 , 2023-06-12.

[87] 祝智庭 , 胡姣 . 教育数字化转型的实践逻辑与发展机遇 [J]. 电化教育研究 ,

2022(1): 5-15.

[88] 祝智庭，胡姣. 教育数字化转型的理论框架 [J]. 中国教育学刊，2022(4): 41-49.

[89] 仝曼曼，刘宝存. 数字素养：我国小学教师专业成长的"必修课" [J]. 中国教育学刊，2023(8): 86-91.

[90] 张志祯，齐文鑫. 教育评价中的信息技术应用：赋能、挑战与对策 [J]. 中国远程教育，2021(3): 1-11.

[91] 李玲. 数字技术赋能教育治理现代化的作用机理与推进路径 [J]. 当代教育与文化，2023(3): 48-54.

[92] 杨甲睿，黄甫全. 证据型教学决策在美国：兴起、内涵、策略及其启示 [J]. 电化教育研究，2013(4): 107-113.

[93] 张秀梅，赵明仁，陆春萍. 技术赋能的中小学教学模式创生路径研究——政策、理论、成果、特点与趋势 [J]. 中国电化教育，2023(8): 32-40.

[94] 戴岭，胡姣，祝智庭. ChatGPT 赋能教育数字化转型的新方略 [J]. 开放教育研究，2023 (4): 41-48.

[95] 数字化转型背景下的智慧教育发展评价——世界数字教育大会智慧教育发展评价平行论坛综述 [J]. 中国教育信息化，2023(4): 10-16.

[96] 袁磊，雷敏，徐济远. 技术赋能、以人为本的智能教育生态：内涵、特征与建设路径 [J]. 开放教育研究，2023(2): 74-80.

[97] 郑燕林. 技术支持的基于创造的学习——美国中小学创客教育的内涵、特征与实施路径 [J]. 开放教育研究，2014(6): 42-49.

[98] Zurkowski P G.The Information Service Environment Relationships and Priorities[M]. Related Paper No. 5. 1974.

[99] Clapp,E.P.,& Jimenez,R.L.Implementing STEAM in Maker Centered Learning[J]. Psychology of Aesthetics, Creativity, and the Arts, 2016,10(4).

[100] Bill Cope&Mary Kalantzis.Big Data Comes to School: Implications for Learning,Assessment,and Research[J].AERA Open,2016,2(2).

[101] Stahl G，Koschmann T D，Suthers D D. Computer Supported Collaborative Learning: An Historical Perspective[M]. Cambridge Handbook of the Learning Sciences,2006.

[102] Qualifications and Curriculum Authority.Developing the landscape for 14-19 learning[EB/OL].[2015-06-02].http: / /www.Qca.org.uk /6.Html.

[103] Organisation for Economic Cooperation and Development(OECD). 21st century skills and competences for new millennium learners in OECD countries[J].OECD,2009,41(12).

[104] Bakia M,Murphy R ,Anderson K,et al.International Experiences with Technology in Education: Final report[R].Washington,DC:US Department of Education,Office of Educational Technology,2011.

后记
Postscript

　　本书是在全国教育科学"十三五"规划教育部重点课题《区域基础教育信息化水平评价指标体系研究》的研究基础上提炼观点、升华思想、精练语言、系统论证和研究的结果，也是对原有内容的深加工、再深化和再提升。书稿终于写完了，掩卷之际，感慨万分。耕耘的艰辛自不必言，仍还有一份忐忑在心头。当初选择这样一个题目进行研究，主要是因为"十二五"期间国家对中小学信息化建设投入较大，各中小学校的硬件设施都具备了较好的条件，但它们的软实力却非常欠缺，很多学校的智慧教室常常成为摆设而没有充分运用。面对这种情况，本人希望通过研究一套基础教育信息化水平评价指标体系，以推动我国中小学信息化水平的提高。另一方面，信息技术的飞速发展，日益融入教育教学活动的全过程，在教育界出现了"技术主导"的声音，偏离了教育的航向，因此，也急需构建能够引导和规范教育信息化服务于育人使命的科学评价体系。课题研究过程中，我们还深入一些区域的中小学，测试、检验这套评价指标的应用情况，周围的教育同仁也鼓励我将研究成果正式出版，以惠及更多的中小学校。纵览全书，虽然涉及的内容对中小学教育信息化水平评价的研究还不够完备，部分章节的逻辑结构也不尽恰切，但全部内容都源于实践，期待能够对实践有参考价值。若书中存在疏漏和不当之处，敬请广大读者不吝赐教！

　　本书的主要特色有以下三点：

　　1.构建了能够推动个性化教育的信息化水平评价指标体系。本书在准确把握基础教育改革发展大势的基础上，形成了中小学教育信息化水平评价理论框架，运用科学的研究方法构建了"育人本位"的中小学教育信息化水平评价指标体系，以期引导和规范信息环境中旨在保护学生创造性的个性化教育实践。

2.有效引导基础教育信息化转向软实力投入建设。本书通过相关特色评价指标的研发与应用，引导教育信息化建设由注重硬件设施建设转向注重教学资源和教育质量等的软设施建设，从而有效提高中小学教育信息化投入的效率和效益。

3.实现中小学教育信息化水平的可比较性。本书通过指标和权重上的设置抽象掉技术上的区域差异，以实现中小学教育信息化水平评价的区域、校际的可比较性。

总之，希望本书的出版能够促进区域中小学教育信息化优质均衡发展，教育行政管理部门能够把提高师生信息素养作为信息化软实力建设的重要任务，同时，在借助信息技术改善家庭教育资源环境的同时，能够重视加强信息伦理建设。

接下来，我要由衷地表达自己的感谢！

首先感谢顾明远老先生在百忙中为本书作序，顾老对本书的肯定是对我莫大的鼓励。

在研究过程中，刘复兴、郭绍青、刘三女牙、高宝立、张彩云等专家从选题、定题、框架设计到具体的研究方法等都提出了很好的指导意见，并对课题研究及书稿提出了关键性的修改意见，在此表示衷心的感谢！

感谢我的合作研究团队——北京惠众教育研究院的石邦宏研究员、马世洪副研究员、北京市教科院纪效珲博士等，他们与我一起进学校做调研，开展多种形式的实证研究，进行大数据采集与分析，为研究成果的取得贡献了很多专业智慧。

感谢广州市、无锡市、苏州市、安庆市、兰州市部分中小学积极参与数字测试、教育信息化水平监测，并提供了丰富的数据以及与教育信息化实践有关的校本经验，丰富、充实了本书的内容。

感谢论文中所有引用和参考文献的作者，这些作者的深邃思想和精彩论述给了我许多有益的启发。

惠文婕博士后对本书的完成提供了必要帮助，中国人民大学出版社的编辑对本书出版付出了辛勤劳动，在此一并致谢！

谨以此书奉献给所有关心、支持、帮助过我的人们。希望能够不违写作的初衷，期待本书的出版能够为实现以教育信息化促进基础教育高质量发展、以教育信息化服务基础教育现代化的战略目标起到一定的推动作用。

宣小红

2024 年 3 月